Angelika Reinsch

15 Jahre Probezeit

Angelika Reinsch

15 Jahre Probezeit

Erzählung

Projekte-
Verlag
Cornelius GmbH

Impressum

1. Auflage
© Projekte-Verlag Cornelius GmbH, Halle 2007 • www.projekte-verlag.de
Mitglied im Börsenverein des Deutschen Buchhandels

Satz und Druck: Buchfabrik JUCO • www.jucogmbh.de

ISBN   978-3-938227-14-5
Preis: 9,90 EURO

08. Mai 2004 – Jugendweihe

Langsam kriecht in mir die Aufregung hoch und bringt meinen festen Vorsatz nicht zu heulen, arg ins wanken. Warum müssen sie aber auch diese ins Gemüt gehende Einmarschmusik spielen, die auch schon vor 32 Jahren meinen Eltern und Großeltern das Wasser in die Augen trieb?

Sie – das sind die Organisatoren der diesjährigen Jugendweihefeier in der eher nicht jugendweihelich anmutenden Mehrzweckhalle. Aber die Musik macht's und der Sachverhalt, dass diesmal unsere „Kleine" den Schritt ins Erwachsenenleben wagt – vorerst aber mit zögernden, unregelmäßigen Trippelschritten der endlos anmutenden Reihe der weiblichen Schönheiten und den dazwischen gestreuten, unscheinbaren jungen Männern folgt. Denen man ja nicht auf die Hacken treten darf und schon gar nicht will man mit den eigenen Schuhspitzen in den Schleppen der ungewohnt langen Kleider der Vorausschreitenden hängen bleiben. Um dann recht unfein und gar nicht damenhaft vor den Filmaugen aller Video- und Digitalkameras auf dem Parkett zu landen. Das wäre ja oberpeinlich und würde für immer und alle Zeiten in die Familienannalen eingehen. Dann doch lieber Kopf nach unten und mit angestrengtem, konzentriertem Gesichtsausdruck durch.

Irgendwie komme ich mir jetzt vor wie im falschen Film, beziehungsweise in der falschen Klasse. Die jungen Mädchen sind mir alle mehr oder weniger unbekannt. Eher mehr. Lange, wallende Gewänder umhüllen zarte, schlanke Mädchenkörper. Mit gepushten BHs wird die Büste ins rechte Licht gerückt. Die Haare sind kunstvoll aufgetürmt und schmerzen trotz der 100 Haarklammern unter dem Frisurengebilde *noch* nicht. Wenn nur dieser Spießrutenlauf durch die aufmerksamen und stolzen Blicke der Eltern und anderer neugieriger Angehöriger nicht wäre!

Nun passiert es doch. Meine Tochter schlängelt sich an der anderen Seite vorbei und bekommt deshalb nicht mit, wie mir ein paar vereinzelte Tränen aus den Augenwinkeln kullern. Bald ist es geschafft. Dann dürfen sie erst mal Platz nehmen und verschnaufen. Bloß gut!

Eigentlich sind wir alle schon etwas außer Puste. Einen Sohn zur Jugendweihe zu führen bringt nicht halb so viel Stress mit sich wie es bei einer Tochter der Fall ist. Den diese natürlich permanent ablehnt: „Was müsst ihr denn da für ein Fass aufmachen? Meine Haare sind eh` blöd, da kann auch der Friseur keine Wunder vollbringen!" Was er aber anhand vielfach geknipster Fotos und Zeugenaussagen doch erreicht hat. Auch andere weibliche Unzulänglichkeiten werden ins Feld geführt (hier aufgrund strenger Zensur durch die Tochter nicht näher erwähnt). Nichtsdestotrotz wird aus dem unvollkommenen Schulmädchen doch ein fast ätherisch anmutendes Wesen gezaubert, das uns auch in den vorangegangenen 14 Jahren ganz schön auf Trab gehalten hat. Nun, das Programm auf der Bühne lässt sicher ein paar abschweifende Gedanken zu.

Erinnern wir uns doch mal daran, wie es überhaupt so weit kommen konnte, dass unsere Kleine das Windelpaket seit ein paar Jahren nicht mehr braucht, dafür aber einige andere kosmetische Artikel. Und was ihr und uns als ihren Erzeugern in diesem sehr turbulenten und interessanten Zeitabschnitt seit ihrer Geburt im November 1989 zugestoßen ist.

Denn hineingestoßen wurden wir – in eine für uns Ossis bis dahin nur vom Hörensagen bekannte Marktwirtschaft. Eigentlich begann ja alles ganz vielversprechend ...

1989/90 – Umgewöhnung

Unser Sohn ist ganz aufgeregt als ich mit seiner Schwester nach Hause komme. Argwöhnisch betrachtet er das noch friedlich schlafende Wesen, das ab heute das Privileg genießen darf mit in unserem Schlafzimmer zu übernachten. Das provoziert schon einige neidische Blicke seinerseits. Die (oder das?) darf mit bei Mama schlafen und *er* nicht! Und dabei war er doch drei Jahre eher da gewesen! Wo bleibt denn da das Vorrecht des Älteren? Na, wenigstens wird sie nicht in seinem ureigensten Zimmer geparkt. Dann müsste er nämlich „ohrnah" das laute Geschrei ertragen, das nun ganz unvermutet anhebt. Die Essenszeit des Babys ist heran, aber ich lasse mir Zeit und lege es erst mal trocken. Unser Sohn ist voll geschockt beim Anblick des sperrangelweit aufgerissenen, zahnlosen Mundes: „Die hat ja überhaupt keine Zähne mehr!" Nach der Aufklärung, dass diese ja überhaupt erst mal wachsen müssen, ist er zwar befriedigt, fleht mich aber nach einer Weile regelrecht an: „Nun beeile dich doch mal. Das Baby hat doch *solchen* Hunger!" Dabei bricht er selbst fast in Tränen aus. Das soll allerdings der einzige sentimentale Ausbruch auf lange Zeit und in Hinblick auf seine Schwester bleiben.

Das Stillen kennt er schon aufgrund der Fotos in seinem eigenen Album. Dann ist erst mal für eine Weile Ruhe. Unser Sohn beginnt zu erkennen, warum seine Schwester ein Körbchen neben unserem Ehebett belegen darf und dafür die Frisierkommode weichen musste: Weil bei dem ständigen Hin und Her zwischen Ehebett und Babybett sowieso ein Frisieren überflüssig geworden ist, vor allem für das Baby. Das hat nämlich keine Haare. Das ist das zweite Manko, das unser Sohn, der selber eine Wellenmähne hat, an seiner Schwester bemerkt. Die kann mir keine echte Konkurrenz machen, mag er damals zufrieden gedacht haben, und: Dafür werde ich mich aber wieder ein bisschen mehr in das Familienleben einklinken und Baby spielen. Was *die* – mit machohaftem Blick auf das unschuldig nuckelnde Ding – kann, kann ich schon lange. Und so kommt es, dass manchmal zwei „Babys" in unserem Ehebett Zuflucht finden. Leider vermag der Vater nicht zur Befriedigung etwaiger Gourmet-Gelüste beizutragen. Dafür fehlt ihm das notwendige biologische Rüstzeug. Aber ein paar zusätzliche Kuscheleinheiten tun es auch.

Bei der Pflege und Betreuung des Nachwuchses wird ein Unterschied ganz schnell deutlich: Während man beim Sohn oft nachschauen musste, ob er überhaupt noch in seinem Bettchen liegt, sollte man das bei der Tochter tunlichst vermeiden. Denn die schreit gern, besonders aus Langeweile. Und wehe, es erscheint ein Kopf in ihrem Blickfeld! Dessen Träger ist dann Mode. Bloß gut, dass der Stubenwagen Räder hat. So kann man die Lärmquelle auch mal in andere Räumlichkeiten verlagern, damit die Nachbarn ebenfalls in den Genuss kostenloser, morgendlicher Koloraturarien gelangen.

November/Dezember 1989 – Begrüßungsgeld

Noch im Krankenhaus machen sich einige der frischgebackenen Muttis Gedanken ganz anderer, finanzieller Art. Sie stellen sich nämlich die Frage: Wie komme ich, die ich noch wacklig auf den Beinen bin, samt Baby an die 100,- DM Begrüßungsgeld, die von der BRD nur noch bis Ende des Jahres 1989 an DDR-Besucher ausgezahlt werden?

Ehrlich gesagt, steht für mich diese Frage nicht im Vordergrund. Soll ich mich mit zwei kleinen Kindern im Gepäck in endlose Schlangen vor dem Geldschalter einreihen? Zwischendurch Windeln wechseln, stillen, selber aufs Klo rennen ...? Das bringt's doch echt nicht.

Ich denke an den ganzen Stress, dem die Kinder ausgesetzt wären und verzichte. Meine resolute Schwiegermutter nimmt das Problem jedoch ohne großes Federlesen in die Hand: „Bleib du zu Hause, Mädel! Ich mach das schon!" Sie bewaffnet sich mit meinem Ausweis und den Geburtsurkunden beider Kinder und reist mit ihrem Sohn nach Berlin. Dort stürzt sie sich in das Gewühl vor dem Schalter und erklärt dem verdutzten Beamten in Worten, die keinen Widerspruch dulden, warum ich hier nicht persönlich mit zwei Kleinkindern auftauchen kann. Angesichts des immer größer anwachsenden Staus zahlt der Beamte dann auch wirklich das Geld für die gesamte Familie aus – ob aus Überzeugung oder Verzweiflung, sei dahingestellt. Hier zeigt sich wieder mal ihr Überzeugungstalent, das sie auch bei ihrer Tätigkeit als Versicherungsvertreter gut auszunutzen verstand. Gelernt ist eben gelernt – sie hatte die meisten Abschlüsse!

Im Nachhinein frage ich mich, wer den Begriff „Begrüßungsgeld" eigentlich geprägt hat. Sind es die Wessis, die uns in ihrer Wohlstandsgesellschaft begrüßen wollen mit dem Hintergedanken: Seht her! Das kann man den Menschen in der Marktwirtschaft bieten. Wir schöpfen aus dem Vollen! Es ist so viel da, dass sogar ihr armen Kerle noch was abbekommen könnt!

Oder sind es die Ossis, die mit Freude ihre Verwandten begrüßen, egal, wie lange sie sich nicht gesehen haben? Und die sich freuen, auch mal was vom großen Kuchen der nachbarschaftlichen Überschussproduktion abzukriegen? Auch wenn es „nur" 100,- DM sind.

Mit dem Geld ist das so eine Sache. In der Zukunft verdirbt es so Manchem den Charakter.

Misstrauen

Das nachbarschaftliche Verhältnis in unserer Reihenhaussiedlung war eigentlich immer ein aufgeschlossenes und freundschaftliches. Alle hatten die gleichen bürokratischen und handwerklichen Probleme durchgestanden. Jeder hatte mal kleinere Kinder, die zu den unterschiedlichsten Zeiten mit ihren Wutausbrüchen und später mit ihren Musikanlagen die Umwelt beschallten. Das wurde toleriert und dafür noch mit abgelegten Kleidern des herausgewachsenen Nachwuchses belohnt.

Als wir aber erfahren, wie die obersten Instanzen unseres Staates Wasser gepredigt, aber Wein getrunken hatten, wie wir über Jahrzehnte belogen und bespitzelt wurden, tritt plötzlich eine Atempause im nachbarschaftlichen Vertrauen ein.
Wer unsere hauptamtlichen Stasi-Mitarbeiter waren, wissen wir ja. Deren Wohnblock wurde 1986 auch aufgrund der Dringlichkeit der Situation eher fertig gestellt als unserer. Aber die ungezählten IM's, die Informationen über Nachbarn, Freunde und Bekannte gesammelt und weitergegeben haben – *wer sind die?*
Plötzlich fühlt so mancher einen intensiveren und forschenderen Blick auf sich ruhen als vorher. Man beobachtet sich gegenseitig und stellt die Frage: War der auch dabei? Was könnte der über mich herausgefunden haben?
Als die Möglichkeit besteht, Einsicht in die Stasi-Akten zu erhalten, die eventuell über einen angelegt wurden, stellt auch mein Mann einen Antrag auf Einsichtnahme. Nach Jahren bekommt er eine abschlägige Antwort – es habe keine über ihn gegeben. Damit muss er sich zufrieden stellen.
Erst nach Jahren erfahre ich den Hintergrund dieses Nichtvorhandenseins. Unsere Akten wurden nämlich hier in Aluminiumkoffer verpackt und in ein nahe gelegenes Kraftwerk

transportiert. Dort gab es gute und sichere Öfen. Der belastende und oftmals lügnerische Inhalt dieses Brennmaterials wurde also durch die Esse gejagt und stank selbst jetzt noch im wahrsten Sinne des Wortes zum Himmel.

Ich habe erst gar keinen Antrag auf Einsichtnahme gestellt. Wozu auch? Um mir im Nachhinein noch die paar Kollegen zu vermiesen, die mir vielleicht sogar im Beruf weitergeholfen haben? Was hätte das gebracht? Ich weiß, dass ich selber nicht dabei war und mir deshalb auch nichts vorzuwerfen habe. Das ist die Verantwortung, die ich für mich allein trage und etwas anderes brauche ich nicht zu wissen. Obwohl ich mit fast 100% iger Sicherheit weiß, dass es über mich eine Akte gegeben haben *muss*. Sonst hätte man mich 1985 nicht ausgewählt ins nichtsozialistische Ausland fahren zu dürfen. Und das ganz ohne Antrag! Nur auf Entscheidung durch die Freie Deutsche Jugend! Also wurde vorher gut recherchiert.

Auch wenn später die Blicke wieder offener zueinander werden, in einem verborgenen Winkel sitzt immer noch das Misstrauen.

Bei den Kommunalwahlen im Mai 1989 sind durch Kirchen und Oppositionsgruppen Verstöße gegen das Wahlgesetz festgestellt worden. So werden für den 18. März 1990 die ersten freien Volkskammerwahlen und für den 6. Mai die ersten freien Kommunalwahlen anberaumt. Plötzlich stehen vor den Wahllokalen ebensolche Schlangen wie vorher an den Geschäften. Jetzt wird nämlich richtig, weil demokratisch, gewählt. Das heißt, jeder kann die Partei seiner Wahl ankreuzen. Nicht nur den Stimmzettel zusammenfalten und in die Wahlurne stecken, weil man sich sowieso nicht getraut hat mit „Nein" zu stimmen. Und wir können uns die Uhrzeit zum Wahlgang jetzt aussuchen. Müssen nicht mehr bis 8 Uhr morgens da gewesen sein, wie es sich für ein „Kollektiv der sozialistischen Arbeit" gehörte. Aber irgendwie scheint es noch in den Köpfen drinzustecken, dass man frühzeitig da zu sein hat.

Weil jeder nun in die Wahlkabine tritt und einige Zeit braucht, um den neuen Wahlzettel mit den unterschiedlichen Parteien zu studieren, dauert es eben etwas länger. Aber wir sind Schlange stehen ja noch gewöhnt.

Bei diesen Wahlen siegt jedenfalls die CDU. Etwas ganz Neues für uns. Statt Rot steht plötzlich Schwarz an der Spitze.

Überhaupt muss man staunen, wie sich der Einzelne in der Folgezeit, also nach der Wende, entwickelt. So mancher kann seine politische Einstellung um 180° drehen – es breitet sich die gar nicht so seltene Spezies der „Wendehälse" aus. Sie finden das erstaunlich? Ich nicht. Schon im Kunstunterricht haben wir gelernt, dass die Gegenfarbe von Rot Schwarz ist. So nutzt zum Beispiel ein ehemaliger Parteisekretär nun seine Redekunst, um den Hinterbliebenen auf Trauerfeiern Trost und seelischen Beistand zu geben.

Beulen-Look

Unsere Tochter ist so ein rechter Quirl. Deshalb drängt es sie auch sehr bald danach, die Aktivitäten ihres Bruders nicht nur aus der Ferne und aus dem Ställchen zu beobachten, sondern selbst „mitzumischen".

Während ich bei unserem Großen im Alter von 16 Monaten das Laufgitter kurzerhand weggeräumt habe, weil es mir permanent im Wege stand, möchte sie schnellstens ihre Entdeckungstouren auf eigene Faust unternehmen.

Ich erinnere mich noch gut an das Gesicht des Sohnemannes, als plötzlich auf dem Weg vom Schrank zum Tisch die rettende Holzstange fehlte, an der er sich so gerne hin und her schaukelte. Mit erhobenen, griffbereiten Händen stand er hilflos in der Mitte des Raumes und grübelte: Ist nun der Weg bis auf den Fußboden kürzer oder sollte ich doch die paar Schritte bis zur Mama laufen? Die Mama gewann damals und er kam endlich in die Gänge. Unsere Tochter allerdings bringt ihre Eltern in Gang. Es vergeht kein Tag, an dem sie keine Bekanntschaft mit Heizkörpern, Schrankteilen oder Türen macht. Unser gesamter Hausrat wird in Länge und Breite vermessen. Ihr nicht allzu üppiges Haupthaar scheint auch nicht dafür prädestiniert zu sein, sie in umfassendem Maße vor Beulen und Abschürfungen zu schützen. Mittlerweile stelle ich mir die Frage, was besser ist: Auf der einen Seite die phlegmatische Ruhe, auf der anderen das Chaos?!

Als sie mit 12 Monaten in die Kinderkrippe kommt, sehe ich dort mit großer Erleichterung auch andere Mädchen im gleichen „Beulen-Look" herumstürzen. Aha, den anderen Eltern geht es also ähnlich! Komisch, dass die Jungs so was nicht vorweisen können.

Beim dauernden Herumtoben bleiben nun auch kleinere Unfälle nicht aus. Einmal versteckt sie sich im Bett ihres Bruders (dass der das überhaupt zugelassen hat!) und ruft noch mit neckischer, lockender Stimme: „Wo bin ich?" Da knallt sie auch schon mit dem Kopf auf die Bettkante. Blut fließt, allen bleibt vor Schreck die Stimme weg und natürlich ist in dem Moment kein Autofahrer in Sicht. Endlich beim Arzt, kann der sich die Betäubungsspritze sparen – sie hat sich bereits in die Erschöpfung geschluchzt.

Zu Hause werden allerdings alle vor Neid erblassen. Nun wieder obenauf, präsentiert die Kleine uns stolz ihren Turban: Ätsch, so was Tolles habt *ihr nicht!*

In Zukunft ist der Warnsatz: „Langsam laufen, nicht so rennen!" in unser aller Munde. Allerdings ohne beachtenswerte Resonanz. Ob das an den ständigen Ohrenentzündungen unseres Wirbelwindes liegt oder weil sie durch ihr lautes Gehopse tatsächlich nichts hört, entzieht sich dabei meiner Kenntnis.

Demonstrationen

Über die Massenkundgebungen und Montagsdemonstrationen in den Großstädten unseres Landes bekommen wir hier in der „Provinz" nur einen Einblick über die Medien.

Interessant wird es für unsere Region erst ein paar Monate später. Dann nämlich, als im Rahmen des bevorstehenden Beitritts der DDR zur Bundesrepublik eine Neustrukturierung des Territoriums diskutiert wird.

Die kleine DDR ist ja immerhin in 14 Bezirke und Berlin unterteilt. Jetzt sollen wir alle in „nur" 5 Bundesländer gequetscht werden. Unsere Region bildet dabei einen Zipfel, der sowohl zu Brandenburg als auch zu Sachsen-Anhalt gehören könnte. Übrig sind wir immer.

In erster Linie denke ich dabei an meinen Arbeitsplatz. Den möchte ich ja nach dem Babyjahr gerne wieder besetzen. Unser bisheriger Hauptsitz liegt aber im zukünftigen Brandenburg. Während unser Kreis in Sachsen-Anhalt eingegliedert werden soll. Damit sehe ich für meine Arbeitsstelle schwarz. Also gehe ich zum ersten Mal vollkommen freiwillig und enthusiastisch zu einer Demonstration. Und das gleich mit Kind und Kegel. Das heißt, der Kinderwagen kommt auch mit und dessen Inhalt kann lautstark meine Forderungen unterstützen. Aber entweder sind die Menschen noch abgeschreckt von unseren vordiktierten Demos am 1. Mai oder sie erfassen die veränderte Situation nicht in vollem Umfang. Wir sind viel zu wenige und überhaupt war schon alles in Sack und Tüten – wir werden Sachsen-Anhaltiner wie schon viele Jahre zuvor.

1. Juli 1990 – Andere Zeiten – neues Geld

Zum 1. Juli gehen wir mit der Bundesrepublik eine Wirtschafts- und Währungsunion ein. Wir kriegen also auch das echte Westgeld in die Finger und träumen davon, dass unsere Konsum- und HO-Kaufhallen sich über Nacht in Supermärkte a la Aldi und TIP verwandeln. So stellen wir uns jedenfalls diese Union vor.

Mit dem Geld klappt es ja prima. Kurz vor dem 1. Juli können wir sogar noch unser Reihenhausgrundstück für ein paar Ost-Mark von der Stadt kaufen. Dann kommt der große Tag: Pro Person dürfen 2000,- Mark im Verhältnis 1:1 umgetauscht werden. Der „Rest" wird im Verhältnis 2:1 in DM getauscht. Das betrifft aber nur das Sparguthaben der „echten" DDR-Bürger. Haben hingegen schon einige Ossis das Land vorher verlassen und wollen jetzt noch ihr Erspartes nachholen, bleibt ihnen nur die Möglichkeit, 3:1 zu tauschen. Eigentlich könnte die ganze Sache ruhig und ohne Aufregung über die Bühne gehen. Aber die Menschen sind ja erfinderisch. Von diesem warmen Geldregen sollen doch so viele wie möglich profitieren. Also wird auch noch für Mäxchen in der Wiege ein Sparbuch angelegt. Denn nur so kann man auch für den jüngsten Filius noch die 2000,- Ostmark in DM umwandeln.

Also entstehen nun doch wieder die allseits bekannten Warteschlangen. So schnell werden wir die wohl nicht los.

Um wenigstens in Zukunft nicht um Geld anstehen zu müssen, werden nach einiger Vorbereitungszeit Geldautomaten aufgestellt, die mit einer beantragten EC-Karte gefüttert werden. Falls man denn die dazugehörige Geheimnummer noch im Hinterköpfchen hat. Ohne die ist man nämlich aufgeschmissen. Ich probiere zweimal eine Zahlenkombination durch, die ich für die richtige halte. Ist sie aber laut Automat nicht. Der droht mir an, beim dritten Fehlversuch habe ich die Sparkassenmitarbeiter zu belästigen. Vor Schreck fällt mir doch noch die richtige Nummer ein. Um das zu vermeiden, kommt unser Sohn ein paar Jahre später auf die geniale Idee, die Geheimzahl auf die Innenseite eines Schrankteiles zu schreiben. Aber als wir den nach zwei Jahren an seine Cousine weggeben, ist die Nummer natürlich auch weg! Diese befragen geht jedoch nicht. Denn dann wäre es ja keine Geheimzahl mehr. Also wird eine neue beantragt.

Die Tochter ist gleich noch schlauer. Immer, wenn wir einen unnötigen Einkauf seitens der Kinder (bei dem Warenüberangebot ja kein Wunder!) abblocken wollen, sagen wir: „Das Geld ist alle!" „Na und", meint dann die Tochter. „Dann holt ihr aus dem Automaten eben neues. Ich hab' doch gesehen, wie das geht!"

Nun, wer glaubt an diesem 1. Juli gleich das ganze umfangreiche und verlockende Angebot des Westens in unseren Kaufhallen vorzufinden, der irrt. Schon in den Monaten vorher treffe ich mich mit anderen Muttis im Milchladen, wo es Westjoghurt zu horrenden Preisen gibt. Wir können also schon mal kosten, was in Zukunft unsere Zungen verwöhnen wird. Ich sattle also mit einer anderen Mutti meinen Kinderwagen und jage am 1. Juli los in unsere Konsum-Kaufhalle. Was wir dort vorfinden, unterscheidet sich nicht wesentlich von dem Angebot am Ost-Vortag. Die Verkaufstellen werden am Anfang nämlich vorzugsweise mit West-Toilettenpapier und Nudeln zugeschüttet. Nun tut es unseren seit 40 Jahren mit Packpapier strapazierten Hinterteilen zwar gut, sich mal ein wenig umschmeicheln und beduften zu lassen, aber soo nötig war's dann doch nicht. Auch Teigwaren gibt es von Anfang an in Hülle und Fülle. Bei den anderen Produkten müssen wir uns noch ein Weilchen gedulden. Die Osterzeugnisse werden, um die Regale für die Westware freizumachen zu Billigpreisen verkauft. Erst mit der Zeit kriegen wir mit, dass unser Kathi-Kuchenmehl durchaus mit „Dr. Oetker" mithalten kann. An das sind unsere Geschmacksnerven schon gewöhnt, schlechter schmeckt der Kuchen allemal nicht und ist zudem noch billiger. Die Spreewaldgurken werden von „Kaiserkrone" und anderen Westfirmen ersetzt und Senfsorten gibt es bald in Hülle und Fülle. Nachdem wir mehrere süße und scharfe Tuben und Gläser davon getestet haben, kehren wir lieber doch wieder zum Bautzner Senf zurück.

Ist es ein Wunder, dass sich alle ausgehungert auf die bunten und vielfältigen neuen Produkte aus dem Westen stürzen, wo unsere Kaufhallen jahrelang den gleichen spartanischen Look aus Kohlsorten, Äpfeln und sauren Gurken boten?

Die Saure-Gurken-Zeit ist jetzt vorbei – das denken wir zumindest. Dass wir uns mit unserem ungesunden Kaufverhalten selbst das Wasser abgraben, merken wir erst Monate und Jahre später. Dann nämlich, als ein Ostbetrieb nach dem anderen in die Pleite geht und wir hilfesuchend die Verkäuferinnen ansprechen, wohin denn dieses oder jenes Ostprodukt entschwunden ist. Aber es gibt auch Hoffnungsträger, die es schaffen, sich dem täglichen Kampf ums Überleben zu stellen und zu gewinnen! Zum Beispiel unser Rotkäppchen-Sekt. Den wir vorher doch nur in den Städten und dann in ausgewählten Läden ergattern konnten. Und eine stattliche Summe dafür auf den Tisch blättern mussten.

Doch davon merken wir an diesem 1. Juli 1990 noch nichts. Wir gehen enttäuscht mit unseren immer noch leeren Kinderwagenuntersätzen nach Hause und zweifeln an der Einhaltung der Versprechungen der Bundesregierung, dass wir im Osten nun auch dazu gehören. Das mulmige Gefühl verstärkt sich noch, als wir in unsere Kinderwagen blicken und uns von dort eine strenge Duftnote entgegenweht. Hat er also doch ziemlich lange gedauert – unser Einkaufstrip.

1990 – Krankenkassenwahl

Obwohl noch im Babyjahr, holt mich die Realität des Arbeitsalltages rasch wieder ein. Eines Tages flattert mir die Anfrage einer Krankenkasse ins Haus, die um Mitglieder wirbt.

Eigentlich waren wir bis jetzt alle in einer – der Sozialversicherung – vereint, aber nun kann man zwischen vielen gesetzlichen und privaten wählen. Meine Kollegen und ich sind Angestellte – also entscheiden wir uns für diese Krankenkasse.

Wir bekommen eine Chipkarte zugeschickt, die außer unserem Namen nicht allzu viel aussagt. Jedenfalls nicht für den Besitzer. Mit dieser Karte schleuse ich mich jetzt von Arzt zu Arzt. Der weiß nun alles über mich. Ich aber nicht mehr.

Im Sozialversicherungsausweis waren alle meine Ausbildungs- und Arbeitsstellen eingetragen. Das Geld, das ich verdient habe und sogar meine Auszeichnungen, die man mir ab und an verliehen hat. Am meisten vermisse ich jedoch die Eintragungen der regelmäßigen Arztbesuche. Wann muss ich denn nun wieder zum Zahnarzt oder zum Gynäkologen? Die Chipkarte verrät es mir nicht. Denn wenn ich's vergesse, ist es jedenfalls nicht zum Schaden der Krankenkasse. Die kann dabei nur sparen.

Ein paar Jahre später lasse ich mich beim Gynäkologen wieder mal durchchecken. „Na, Frau Reinsch. Wie wäre es denn mit noch einem Kind? Sie haben doch erst zwei!?"

Ich versuche dem Mann in die Augen zu blicken, um herauszufinden, ob er mich verschaukelt.

„Herr Doktor, haben Sie mal auf die Karte geguckt? Ich werde in diesem Jahr 40!" Der Arzt lenkt seinen intensiven Blick nun vom eigentlichen Ort des Geschehens weg in mein Gesicht. „Oh, so sehen Sie gar nicht aus. Aber, na ja, es war ein Versuch. Sind eben jetzt zu wenig Frauen, die sich trauen ein Kind in die Welt zu setzen!" Nun, ich traue mich auch nicht. Deshalb greife ich zu einer schwangerschaftsverhütenden Spirale, die zudem noch andere, gesundheitliche Probleme von mir in den Griff bekommen soll. Nur dass diese von der Krankenkasse nicht als solche anerkannt werden. Es sei denn, ich sei ein *sehr bedürftiger* Patient!

1991 – Abgewickelt

Unsere Tochter wird nach dem einen Jahr zu Hause nun langsam an ihren Aufenthalt in der Kinderkrippe gewöhnt. Dort gefällt es ihr zwar bei weitem nicht so gut, aber sie kann ja schon laufen und damit den Erzieherinnen bei etwaigen Meinungsverschiedenheiten wenigstens davonrennen.

Dazu überkommt auch mich die Lust, als ich mich in meinem Betrieb nach dieser zwar nicht langen, aber überaus turbulenten Zeitspanne des Babyjahres wieder blicken lasse. Unser Chef ist in den Vorruhestand getreten – eine neumodische Bezeichnung für Jemanden, der die Mindesthaltbarkeit zwar schon überschritten, aber noch nicht den Vorzug des Erhalts einer Altersrente genießen kann. Irgendwie kommt das einem Abschieben ins Altenteil gleich. Nun mach schon Platz für die Jüngeren, du kannst zu Hause deine Primeln gießen und deine Frau auf Vordermann bringen!

Nur dass viele Menschen dieser Altersgruppe das gar nicht wollen. Sie sind es gewöhnt, noch ein wenig in der Arbeitswelt mitzumischen, bis die Zipperlein die Oberhand gewinnen und signalisieren: Nun wird's aber Zeit, wenn du deine Rente noch auf den Kopp kloppen willst!

Wir haben einen neuen Chef und dazu einen neuen Hauptsitz. Der Landwirtschaftliche Beratungsdienst ist aufgrund der Gebietsreform (hab ich's nicht gesagt?) nun statt zu Cottbus zu Halle gehörig. Letzten Endes ist das nicht das Schlimmste. Wenn es nur noch was in der Landwirtschaft zu beraten gäbe.

Aber den Konsultationspunkt für Jungrinderaufzucht, dem ich vor meinem Babyjahr zugeteilt war, gibt es nicht mehr. In einer spektakulären Aktion sind nämlich alle Jungrinder verkauft worden und die Anlage steht leer.

Bleiben noch die paar Hanseln, die aus der ehemals industriellen Produktion aussteigen wollen und sich auf die bäuerlichen Familienbetriebe besinnen.

Für die kriegen wir von Oben ein paar Richtlinien vorgelegt, rechnen können wir selber (dank altem Ost-Computer sogar sauber ausdrucken) und dann kann der „Wiedereinrichter" mit unseren Vorschlägen und Berechnungen machen, was er will. Natürlich zuerst einmal finanzielle Unterstützung vom Staat beantragen.

Das ist eigentlich alles, was uns noch bleibt. Ansonsten werden wir auf unserer Außenstelle so langsam kaltgestellt. Wir erhalten kein Arbeitsmaterial mehr, weder ost- noch westdeutsches, auch die Aufträge bleiben aus. So was sind wir nicht gewöhnt. Wir haben uns immer, ob bestellt oder nicht gewollt, irgendeinem landwirtschaftlichen Betrieb aufgezwängt, um dessen Produktionsausstoß zu organisieren und vor allem zu vermehren! Dazu ist ein Landwirtschaftlicher Beratungsdienst ja schließlich da.

Nach einem Vierteljahr Ungewissheit ist es dann amtlich – wir werden abgewickelt. Wunderbar – der Faden hat sein Ende erreicht, die Spule ist leer. Dieser Begriff beschreibt also in beschönigender Weise nur *eins* – wir können uns verabschieden, uns gibt's nicht mehr. Wer sich weiterhin in einer Beraterposition präsentieren will, dem wird empfohlen: Dann mach's privat! Dazu sind wir aber nicht risikofreudig genug. Ossis eben, die niemand mehr an die Hand nimmt und sagt: He, da geht's lang. Wir sind in einem Wirrwarr von neuen Gesetzen und Verordnungen, alten Ideen und gemischten Gefühlen gefangen.

Am schlimmsten ist die ganze Ausräumaktion. Alles, was in Jahren unermüdlicher Arbeit auf unserem „Mist", beziehungsweise Schreibtisch, gewachsen ist und oftmals nicht ohne Diskussionen durchgesetzt werden konnte, kommt nun in den Ofen. Im wahrsten Sinne des Wortes. Das Heizhaus ist gleich nebenan. Die Kopien liegen beim Hauptsitz, also brauchen wir auf nichts Rücksicht zu nehmen. Ich beanspruche nur die Chronik des Zentralen Konsultationspunktes für Jungrinderaufzucht, um sie mit nach Hause zu nehmen. Nur zwei Jahre habe ich dabei mitgewirkt und doch tut es weh, „Tschüß!" zu sagen. Auf Wiedersehen geht ja nicht.

Diejenigen von uns, welche ins kalte Wasser springen und mit Sack und Pack in den Westen gehen, um sich dort eine neue Existenz aufzubauen, haben es geschafft.
Mein Kollege und ich, die wir hier geblieben sind, sei es aus Verantwortungsbewusstsein der Familie und der Heimat gegenüber oder aus zu wenig Mut zur Veränderung, stehen immer noch im Verzeichnis des Arbeitsamtes – als arbeitssuchend und mittlerweile auch schwer vermittelbar.

1991 – Treffpunkt Arbeitsamt

Der erste Gang zum Arbeitsamt ist nicht der schwerste. Wir gehen gemeinsam hin, um Unmengen an Papieren auszufüllen und tragen alle noch die trügerische Hoffnung in uns, dass es ja nicht für lange ist. Bis vor kurzem gab es das Arbeitsamt nur, weil es eben zum abgerundeten Räderwerk eines Rates des Kreises gehört. Es war ein Zimmer von vielen und wurde nur von Wenigen besucht. Warum auch? Wer arbeiten wollte, bekam auch ohne Vermittlung was.
Das sollte sich jetzt gravierend ändern. Aus dem einen Zimmer ist eine Batterie von Räumen geworden, in denen man vorstellig zu werden hat. Später sogar ein Neubau mit mehreren Etagen. Dort warten Menschen aller Alters- und Berufsgruppen auf das Wunder, das nur in wenigen Fällen geschieht – dass wieder ein vollwertiges Mitglied der Gesellschaft aus ihnen wird.
Von einem Besuch zum nächsten werde ich selber aktiv und bewerbe mich bei Institutionen, die gerade wie Pilze aus dem Boden schießen – zum Beispiel bei einer Krankenkasse. Aber

da kommt schon der Schlips ins Rad, denn zur Ausbildung im westlichen Teil Deutschlands könnte ich gar nicht antreten, mit zwei kleinen Kindern. Aber auch so ist mir eine Ablehnung sicher – andere waren eben noch schneller. Ich musste ja erst warten bis mein Arbeitsplatz abgewickelt wurde, immer schön alles peu a peu.

Von dieser Denkweise sollte ich mich wohl verabschieden. Die leitenden Mitarbeiter der Krankenkasse trösten mich mit den Worten, ich könne gerne ehrenamtlich bei ihnen tätig werden. Ja, bin ich die Frau des Bundespräsidenten? Ein bisschen Geld würde ich schon verdienen wollen, das wenige Arbeitslosengeld – unsere Gehälter sind noch auf Ost-Niveau – reicht ja hinten und vorn nicht ...

Vom Finanziellen einmal abgesehen, es ist vor allem die Seele, die leidet. Schließlich ist es nicht so, dass ich in der Schule geschlafen hätte. Und viereinhalb Jahre nur so dahinstudiert habe. Nun kann ich zwar fernsehen, solange ich will, und lesen, dass mir die Augen tränen, aber eigentlich fließen die Tränen aus einem ganz anderen Grund: Ich bin eine von der Gesellschaft ausgehaltene und später von meinem Mann wohlversorgte Frau. Eine, die für alle Familienmitglieder da ist, sich mit dem Haushalt, der Kindererziehung und den gelegentlich erscheinenden Handwerkern zu beschäftigen hat. Und trotzdem 365 Tage im Jahr frei hat – ist das nicht toll? Was meckert die eigentlich?

Auf dem Arbeitsamt treffe ich noch ganz andere Leute – deren Kinder sind schon aus dem Haus. Vorruheständler können sie noch nicht werden, für eine langfristige Tätigkeit mag man sie auch nicht mehr umschulen – dann werden sie eben für ABM's eingesetzt.

Das ist auch so ein neumodischer Begriff: ABM bedeutet Arbeitsbeschaffungsmaßnahme (im Volksmund heißt das dann: Arbeit bis Mittag).

Klingt doch gut. Siehst du nicht, was wir für dich tun, Mensch? Wir beschaffen dir eine Arbeit! Auch, wenn dabei zum dritten Male die schon seit Jahren vorhandenen, aber jetzt neu entdeckten Radwege beschildert werden – was soll's! Du hast was zu tun und musst nicht dem mäkligen Ehemann zu Hause das Essen zubereiten und seine Zigarrenschwaden inhalieren. Irgendwie haben aber diese ABM's nicht so den besten Ruf. Die können sich monatelang an Projekten festhalten, in die die regulären Betriebe nicht halb so viel Zeit investieren dürfen. Denn die müssen jetzt auf dem Arbeitsmarkt bestehen, und da weht nun ein schärferer Wind als zu Erich's Zeiten. Das Zusammenspiel mit diesen Firmen ist also nicht das beste.

Von Mal zu Mal gehe ich aufgeregter zum Arbeitsamt und komme niedergeschlagener wieder zurück. Die Schlange bildet sich schon nach 7 Uhr, obwohl das Amt erst gegen 8 Uhr öffnet. Da stehe ich nun bei Wind und Wetter und zeige mich in regelmäßigen Abständen. Denn mehr kommt dabei letztendlich nicht heraus.

Ich sitze, nachdem ich mir eine Nummer aus dem Automaten gezogen habe, dort inmitten all dieser fremden Menschen und fühle mich selbst schon als Nummer. Auf den Gesichtern der anderen erkenne ich den gleichen Frust, die gleiche verzweifelte Hoffnung: Wird es diesmal was werden mit einem Job? Oder sitze ich in 12 Wochen wieder hier?

Dann stelle ich mich aber noch eher draußen an, damit ich nicht so lange in der deprimierenden Umgebung des Wartesaales verbringen muss.

Da sind sie wieder – unsere Schlangen. Aber diesmal drücken sie einem die Kehle zu.

Hilfeschreie

Die Einzigen, die zumindest in den ersten Lebensjahren von meiner immerwährenden Gegenwart profitieren, sind die beiden Rabauken.

Die können das Privileg genießen, Mittagskinder zu sein. Das heißt, nachdem sie in der Kindereinrichtung alles auf Vordermann gebracht haben, einschließlich eventuell ungeliebter Erzieherinnen, geht es zu Hause weiter.

So etwas wie Mittagschlaf ist für beide ein Fremdwort. Wozu die schöne Zeit vergeuden, wenn man doch viel Besseres zu tun hat? Zum Beispiel den Bruder zu nerven, weil der mal wieder zu ruhig mit seinen Matchbox-Autos im Zimmer hockt, wo der schwesterliche Wirbelwind doch lieber Action pur will.

So planen mein Mann und ich zum Beispiel die Renovierung einiger Räume im Obergeschoss und beraten gerade, wie wir den Ablauf des stressigen Tages so unkompliziert wie möglich, gerade für die Kinder, gestalten können. Plötzlich kommt oben wieder das übliche Gerangel in Gang. Wozu auch leise sein, wir sind schließlich Hauseigentümer!

Heute klirrt es allerdings noch Unheil verkündend dazu. Beim Hinzustürzen an den Unfallort wird klar: Nun hat's wohl auch den Bruder erwischt. Der konnte bei der üblichen Verfolgungsjagd vor der in Windeseile zugeknallten Zimmertür seiner Schwester nicht mehr bremsen und war mit dem Arm glatt hindurchgesaust.

Überall Scherben, Blut, zwei heulende Kinder, zur Salzsäule erstarrte Eltern. Bloß gut, dass unsere Ärztin keine Feierabenduhr hat. Mit unseren in Handtüchern gewickelten Kindern erscheinen wir noch spätabends auf der Bildfläche und nehmen die Nähkünste der uns beruhigenden Expertin in Anspruch. Unserm Sohn ist das nicht so einerlei – da *rennt* er schon mal und nun das!

Ein paar Tage später im Kindergarten sieht alles schon ganz anders aus. Als ich ihn mittags abholen will, ist es entgegen sonstiger Erfahrung mucksmäuschenstill im Zimmer. Ich klopfe vorsichtig an. Da sitzt die Gruppe ganz eng beieinander und die Erzieherin bedeutet mir mit einem „Pssst", dass absolute Ruhe geboten ist. Als ich mitlausche, erfahre ich voller Staunen, was es doch für ein Abenteuer ist, durch geschlossene Türen zu rauschen. Mein Sohn schildert gerade in den schillerndsten und spannendsten Einzelheiten seinen Unfall und *wie* tapfer er doch gewesen ist.

Bloß gut, dass es – obwohl von mir noch nicht leibhaftig gesichtet – die Schutzengel gibt. Aber irgendwie scheinen die eine strenge Vorschrift befolgen zu müssen, was die Altersbegrenzung des zu Schützenden angeht.

Schließlich haben ja gerade die Alten so ihre Müh' und Not, mit den Tücken des Alltags fertig zu werden. Man ist nicht mehr so gelenkig wie früher oder wie mein Mann vom Ischias geplagt, sodass er des Öfteren ein heilsames Rheumabad nehmen muss. Eines Nachmittags fröne ich gerade wieder meinem Hobby – dem Lesen, diesmal eines Rosamunde-Pilcher-Romans, und erfreue mich an der Tatsache, dass die junge, aus ärmlichen Verhältnissen stammende Romanheldin am Ende ja doch den liebenswerten, schwarzhaarigen Schlossbesitzersohn kriegt, trotz zahlreicher Machenschaften und Intrigen. Das plötzliche Poltern auf der Treppe im Flur lässt sich jedoch so gar nicht in das traute Schäferstündchen der beiden Liebenden vorm Kamin einfügen.

Ich sause also los, um Schlimmeres zu verhüten. Wenn da nur nicht die scharfe Ecke im Treppenaufgang gewesen wäre. Sie passt sich haargenau zwischen meine Zehen ein und ein hässliches Knacken ertönt. Mein darauf folgendes Geschrei bringt auch meinen Gatten dazu, seinen schlüpfrigen Körper aus der Wanne zu bugsieren.

Meinen warnenden Ruf missachtend, gleitet er schneller als geplant die steile Treppe hinunter. Unten steht das unschuldige Kind und tut sich an einer Tüte Chips gütlich.

Macht bloß nicht so einen Stress, scheinen ihre unschuldigen Blicke zu sagen. *Mir* geht's doch gut!

Mittagskinder

Unsere Kinder besuchen beide eine kombinierte Kindereinrichtung. Das heißt, Kinderkrippe und Kindergarten sind unter einem Dach. Das hat den Vorteil, dass man die Erzieherinnen, die einen zu einem späterem Zeitpunkt betreuen, schon mal vom Ansehen her kennt. Unsere Tochter tritt dabei in die Fußstapfen ihres Bruders, der mit der einen oder anderen „Tante" schon seine Erfahrungen gemacht hat. Jetzt nach der Wende sind die Einrichtungen noch gut gefüllt. Schließlich will jede Mutti schnell wieder an ihren Arbeitsplatz, damit dieser nicht von einer anderen Kollegin weggeschnappt wird. Und hat man keinen mehr, so wie ich nach kurzer Nachwendezeit, sollte man doch ständig verfügbar sein, um eine eventuell angebotene Arbeit sofort annehmen zu können. Ich bezahle also einen Ganztagsplatz, hole aber beide Kinder nach dem Mittagessen ab. Mit dem Fahrrad.

Dann wird einer vorne auf den Kindersattel platziert, die Kleine thront hinter mir auf dem Gepäckträger in einem der neu eingeführten, verkehrssicheren Kindersitze. Die alten Kinderkörbchen, nach langem Suchen und mit Beziehungen beschafft, sind jetzt nicht mehr zulässig. Sie verbleiben als nostalgisches Utensil im Keller. An den Lenkern hängen noch die Taschen mit den Wechselsachen. Die Brottaschen baumeln um den Hals des jeweiligen Besitzers. So kurven wir jeden Morgen und Mittag durch unsere noch holprigen Straßen.

Die Grundgebühren sind zum damaligen Zeitpunkt noch ganz human – 60 DM pro Kind im Monat. Von Jahr zu Jahr steigen sie jedoch kontinuierlich an. Bis sie 1995 100 DM betragen. Bei Gewährleistung der gleichen Betreuung.

Die Kinder werden hier nicht nur aufbewahrt und beschäftigt, sie erhalten Liebe und Verständnis. Aber das war ja schon immer so. Sie lernen sich in der Gruppe zu bewegen und auf andere Rücksicht zu nehmen, wobei die Kleineren von den Großen lernen sollen. Nunmehr hat noch jedes Kind die Möglichkeit sich frei zu entfalten. Das ist ein dehnbarer Begriff. Woher weiß das Kind, dass die Freiheit, die es sich gerade nimmt, nicht die Freiheit des anderen beschneidet? Da haben wir Erwachsenen ja schon jede Menge Probleme mit der Umsetzung. Hier das richtige Maß zu finden ist alles andere als einfach.

Natürlich gibt es Gruppenaufgaben, denen sich jeder zu stellen hat. Aber die kleinen Persönlichkeiten finden schnell eine Lücke, um doch ihren Willen durchzusetzen und sich ihren ureigensten Interessen zu widmen. Das fördert aber wieder die Kreativität. Und hier bemerkt man erstaunt, dass die richtige Erzieherin ungeahnte, verborgene Schätze bei den Kleinen ausgraben kann. Während der Vorbereitung von Kinderfesten und größeren Veranstaltungen wird jeder zum kleinen Künstler. Man glaubt gar nicht, welcher Einfallsreichtum und schauspielerisches Talent in einem Dreijährigen stecken.

Plötzlich hat man Mühe seinen Sprössling auf der Bühne wiederzuerkennen. Dieser eifrige Rollerfahrer und Tänzer soll unser stiller, schon etwas bewegungsmuffliger Sohn sein? Hier ist wieder die Regisseurin des Ganzen gefragt, welche die Vorstellung mit folgenden Worten für die Kinder schmackhaft macht: „Jetzt werden wir die Muttis und Vatis mal überraschen. Die werden sich noch wundern, was *ihr* euch alles ausdenken könnt!"

Oder die Omas und Opas werden überrascht zum Oma-und-Opa-Tag. Dann sitzen alle mit stolzgeschwellter Brust da und verkünden mit leuchtenden Augen der ebenso stolzen Sitznachbarin: „Das ist unser Enkelsohn! Er kannte schon mit zwei Jahren alle Autotypen! Kein Wunder, dass er jetzt so gut mit dem Roller fahren kann! Und Ihre Kleine ist die mit dem roten Haarschopf? Zu niedlich, wie die ihren Vers vorgetragen hat!"

Aber der Drang nach persönlicher Freiheit kann eben auch missverstanden werden. Zum Beispiel, wenn das Kind, das mit Essen fertig ist, schon mal aufstehen darf. Und die anderen, etwas länger mümmelnden, am Tisch zurücklässt. Die dann auch keine Lust mehr haben den ersteren beim Spielen zuzugucken und ebenfalls aufstehen. Wir sehen zu Hause da recht verdutzt drein, als unsere Sprösslinge mit der Erklärung aufwarten: „Bei den Kindern dürfen wir das auch!"

Bei der Kleinen äußert sich die neue Erziehung noch anders. Sie ist ja erst im Krippenalter und da sollte man lernen, bestimmte Körperfunktionen selbst zu steuern. Also saßen bei unserem Sohn noch alle artig zu bestimmten Zeiten auf ihren Töpfchen und warteten auf *ihren* Erfolg. Der sich dann auch schnell einstellte. Bei unserer Kleinen nicht. Es gibt ja jetzt Wegwerfwindeln. Und wenn das Geschäft nicht klappt, dann eben nicht. Die neuen Windeln lassen das Gefühl gar nicht aufkommen, dass man etwas drin hat, was eigentlich nicht drin sein brauchte. Das verspricht ja schon die Werbung. Und was verspricht sie außerdem? Dass der Nachwuchs auf keinen Fall vor dem dritten Lebensjahr trocken sein *kann*. Denn das supertolle Trockenheitsgefühl am Po, trotz voller Windel, erzieht nur zu einem – zur Bequemlichkeit. Und die ist wiederum gut fürs Geschäft. Denn dann muss man die Dinger bis zum vierten Lebensjahr kaufen!

Als arbeitslose Mutti ist man gefragtes Mitglied in sämtlichen Elternvertreter-Gremien. Ich habe ja schließlich endlos

Zeit und auch sonst habe ich gute Voraussetzungen für diesen Job: Wir haben einen Garten. Und den kann man zum Drachenfest genauso nutzen wie zur Blütenwanderung. Die Kleinen kommen angetippelt, essen bei mir einen Happen und trinken einen Schluck warmen Tee oder kalte Brause, je nach Jahreszeit. Die Erzieherinnen können auf der Terrasse eine schöpferische Pause einlegen, die Kleinen immer im Blickfeld. Wenn nur nicht unsere Tochter plötzlich so hinterhältig mit einer toten Maus in der Hand ankommen und sie der lieben „Tante" unter die Nase halten würde. Die bewahrt nur schwer die Fassung und verabschiedet sich mit einer beginnenden Herpesblase. Kurz vor dem Eintreffen des Trupps zur Blütenbesichtigung interviewe ich noch schnell unseren Nachbarn, damit er mir sagt, welche Bäume eigentlich auf seinem Gründstück stehen. Alle kenne ich nämlich auch nicht. Aber wenn die Kinder kommen, werde ich ganz fachmännisch erklären können: „Seht her, hier steht ein Pflaumenbaum. Und dort, der mit den großen, weißen Blüten ..."
Himmel, was ist das noch gleich?

Für die Wandertage bieten sich unsere schönen Obstplantagen und darüber hinaus der Wald auf den Jessener Bergen an. Als ich hierher zog, waren das in meinen Augen nur Maulwurfshügel. *Wir* hatten unsere Wandertage im Elbsandsteingebirge. Das war immer ein Horror für mich, denn ich war nicht schwindelfrei. Wenigstens brauchen das die Kinder hier nicht auszuhalten. Sie sind kaum durch die Obstplantage durch, haben die ersten schon Hunger. Die nächsten wollen aufs Klo. Was wir aber nicht bieten können. Die Erzieherin hockt sich mit einem kleinen Mädel ins Gras, um ihr zu zeigen, wie man als Mädchen in weiter Flur Pipi macht. Bloß gut, dass die Jungs alle Bescheid wissen. Einen Papa haben wir nämlich meist nicht mit. Die werden erst zum Abschlussfest aktiviert, wenn Grillen angesagt ist.

Auf den Wanderungen besteht auch für mich die Möglichkeit, die anderen Kinder mal live zu erleben und nicht bloß aus Erzählungen meiner Sprösslinge. So mancher schmust dann ein bisschen rum und versucht sich die Sympathie der mitwandernden Mutti zu sichern. Dann sehen meine Beiden meist Rot: „Was die sich einbildet! So an dir rumzuhängen! Du bist *meine* Mutti!"

Ich schmunzle nur in mich hinein. Ach, sieh an! Habe ich also doch noch entgegen aller Erwartungen einen guten Stand bei meinen Kindern. Die können ja dann beim nächsten Mal mit den anderen Müttern schön tun. Aber das nächste Mal bin ich ja wieder mit dabei!

Auch wir Eltern werden mit der Zeit eine verschworene Gemeinschaft. Wir treffen uns sogar ab und an außerhalb der obligatorischen Veranstaltungen. Und sehen wir uns nach Jahren wieder, dann gibt's meistens ein dem „Hallo!" folgendes ausführliches Schwätzchen. Mit dem einzigen Makel, dass der Familienname des Betreffenden meist schon im Unterbewusstsein verschwunden ist. Es ist dann eben Frau „Marcus", sie wird sich vielleicht auch nur an mich erinnern als Frau „Patricia".

Zu Hause verbringen die lieben Kleinen und später etwas Größeren den ganzen Nachmittag. Da das Schläfchen meist unter den Tisch fällt, sind Mamas Ideenreichtum und Ausdauer gefragt. Meist wird was gebastelt. Fensterbilder stehen hoch im Kurs. Da ich sowieso immer Bastelmaterial zu Hause habe (wegen der kreativen Abende in der Kindereinrichtung) ist es kein Problem, auch noch den Nachbarsjungen zu Schöpferischem heranzuziehen. Haben sich die Dinger dann an unserem Fenster den Wolf gehangen, werden sie der Kindereinrichtung als Mitbringsel zur Verfügung gestellt.

Die Vorweihnachtszeit verbringen wir mit Backen. Was gibt es da in frühen Kinderjahren nicht alles für freiwillige Helfer. Sogar die Jungs lassen sich dazu in Mamas alte Nylonschürzen stopfen. Es wird eifrig geknetet, Kuchenbrett und Küche bestäubt und die Plätzchen ausgestochen. Dabei wird so viel Mehl verwendet, dass die letzten Plätzchen staubtrocken sind und nur mit ausreichend Flüssigkeit verzehrt werden können. Aber es macht einen Heidenspaß. Meist ist hinterher allen schlecht.

Mit fortschreitenden Lebensjahren nimmt diese Backfreude umgekehrt proportional ab. Die Kinder sind gleich beleidigt, wenn ich sie darauf aufmerksam mache, dass die Lebensmittelfarbe für alle Bleche reichen soll und nicht nur für 10 Plätzchen. Und dass sie nicht alle mit Zuckerguss verzieren dürfen, da unser Papa das Süße nicht so mag. Mit dem Gemeckere katapultiere ich mich ins äußere Eck. Dort stehe ich später Jahr für Jahr und werde aus der Ferne befragt, wann denn die Kekse endlich fertig wären und ob es etwa wieder die gleichen gäbe wie jedes Jahr.

Kommt indessen der Frühling, kriege ich auch die bequemen Fernsehgucker vom Winterhalbjahr hinaus in die Natur. Aber nur, wenn ich es schaffe, schon vier Wochen vor Ostern den Osterhasen mit all seinen guten Eigenschaften ins Leben, beziehungsweise in die Natur, zu rufen. „Mama, hat der nicht schon irgendwo was versteckt?" Na ja, mal sehen!

„Was?", fragt auch der Freund oder die Freundin. „Ihr habt den Osterhasen schon gesehen? Da komm ich mit! Den will ich auch angucken!" Ha, und schon rennen drei Kinder vor meinen Beinen in den Wald hinein und passen auf wie die Schießhunde, sodass ich meine sorgsam in der Jackentasche versteckten Naschereien gar nicht so ohne Probleme auf den matschigen Waldboden schmeißen kann. Denn es lassen auch die Hunde ihre unliebsamen Häufchen dort zurück. Dummerweise verteile ich am Anfang meist zu viel, sodass es oft nicht durch den ganzen Wald reicht. „Kinder, nun seht euch doch mal die Bäume an, die bekommen schon langsam das erste Grün!"

Himmel, was interessieren die Kinder die Bäume. „Da sehen wir doch nicht, was der Osterhase für uns unten versteckt hat. Oder hängt der auch was an die Bäume? Da kommt der doch gar nicht rauf!" Klar doch. Kluge Kinder.

Im Sommer ist dann Poolparty oder Wasserbombenspielen angesagt. Der Pool wird im Juni auf- und im September abgebaut. Während dieser Zeit wird höchstens vier Mal gebadet. Denn dazwischen fährt man ja noch in den Urlaub und bei der Rückkehr ist der Pool ratzevoll grün. Mit Algen. Und auf dem Grund haben sich diese ekligen Würmer und Schnecken festgesetzt. Bis wir das wieder hingekriegt haben, ist die warme Jahreszeit vorbei. Dann gehen wir sowieso in den Wald und sammeln Blätter und Eicheln.

1991 – Do swidanija! (Auf Wiedersehen!)

Unsere Wälder werden ja nun so nach und nach wieder für die breite Bevölkerung begehbar gemacht. Jahrelang boten sie der Sowjetarmee Deckung für ihre Übungen. Erst später erkennen wir das Ausmaß der Katastrophe. Aus munitionsverseuchtem und bei Panzereinsätzen zerstörtem Land gilt es eine Stätte der Erholung für die Menschen zu schaffen. Deshalb wird der Heimatverein „Glücksburger Heide" gegründet. Und mit Hilfe von ABM-Kräften und vielen Helfern aus der Bevölkerung geschieht das Wunder: Die ehemaligen Panzerstraßen verwandeln sich in Wanderwege, aus verwüstetem Gebiet erwächst ein Ruhepol für alle Naturliebhaber. Die Jessener Garnison der Sowjetarmee räumt ihr Domizil zum 26. September. Jetzt geht es wieder heim in die Weite der Steppe, die sie so oft in ihren wehmütigen Liedern besang. Wie oft schallten ihre Weisen über das kleine Wäldchen zu uns herüber. Ausdruck der tiefen Verbundenheit zu ihrer Heimat und was verband sie mit uns? Man könnte ja boshaft sagen: Sogar bei ihren Übungen in der Heide ließen wir sie nicht allein. Mit zahlreichen, im Erdboden versteckten Sensoren, wurden die benutzten Waffengattungen bis hin zur Kalibergröße bestimmt. Unsere Firma „Horch-und-Guck" war eben überall gegenwärtig. Ob das allerdings zur Vertiefung der „Deutsch-Sowjetischen Freundschaft" beitrug, wage ich zu bezweifeln.

Die Restaurierung der ehemals schönen Gebäude auf dem nun verlassenen Kasernengelände verlangt uns noch viel Mühe und Einfallsreichtum ab. Erst 1993 kann die Bahnhofstraße in unserem Städtchen für die Öffentlichkeit freigegeben werden. Wer den Mut hat, eine der Offiziersvillen zu kaufen und sie für die eigenen Bedürfnisse herzurichten, der muss mit einigen Überraschungen rechnen. Denn die legen Zeugnis von einer perfekten Überwachungstechnik ab. Überall Kabel, wo sonst keine sind. Ohren, die der KGB in Richtung seiner Schützlinge im weit entfernten Ostdeutschland aufgestellt hat. Und natürlich musste auch der Nachbar in der Villa nebenan umfassend informiert sein.

Was man im Nachhinein über die gegenseitige Achtung und das Zusammenleben innerhalb der sowjetischen Truppen erfährt, ist oftmals erschreckend. Obwohl wir doch in deren „Magazinen" als DDR-Bürger so oft gestöbert haben und auch fündig geworden sind – sei es in Bezug auf Büchsenobst, Velourgardinen oder Goldringen – die einfachen Soldaten litten oft genug Hunger. Wenn dann einer in seiner Verzweiflung eine Diebestour unternahm, um wenigstens etwas Essen zu beschaffen, drohten ihm harte Strafen. Eine Tracht Prügel war nur der Anfang.

Die Kommunikation zwischen uns und den „Freunden" war ja nicht so ohne weiteres möglich. Da gab es schon einige Personenkreise, deren Abnicken man benötigte. Aber Not macht erfinderisch. So wird mir von einer Partnerschaft erzählt, die sich zwischen einer LPG und einer in der Nähe stationierten Einheit der Sowjetarmee, praktisch inkognito, entwickelte. Die „Freunde" hielten sich ein paar Schweine als Reservefleischquelle. Die Ferkel, das Futter und das später benötigte Ebersperma zum Vermehren der kleinen „Schweinewirtschaft" sponserte die LPG. Als Gegenleistung durfte sie Benzin und Ersatzteile für landwirtschaftliche Maschinen mit nach Hause nehmen. Das war doch was! Lag hier nicht die eigentliche, wahre Verbundenheit zwischen unseren Völkern?

1991 – Autoträume

Unser Trabant 601 bewährt sich als treuer Freund und sicheres Fortbewegungsmittel, solange er sich in Gesellschaft von anderen Trabants und deren Blechkollegen wie Wartburgs oder Ladas befindet.

Das ändert sich nun aber ganz rasant. Der Run auf die Westautos geht los. Jeder schielt auf die Garage des Nachbarn. Was kann der sich denn für eine Automarke leisten? Und: Müsste ich ihn da nicht übertrumpfen? Es wird Zeit, dass ich mich auch mal in die Spur mache. Denn, was der kann, kann ich schon lange.

Der Trabant wird auf den Platz des Zweitwagens verbannt. Wenn überhaupt. Oftmals nutzt ihn die „Mutti" noch eine geraume Weile zum Einkaufen. Dann der Sohnemann zum Abchecken seiner neuerworbenen fahrtechnischen Künste. Daraufhin ist er sowieso Schrott oder gelbe Tonne.

Unser Sohn als Ostauto-Fan stellt sich schnell um. In Windeseile kann er sich die neu eingezogene Autowelt aneignen. Jetzt komme ich aber nicht mehr so schnell mit, wie damals bei den Osttypen. Den Audi erkenne ich gerade mal an den Ringen, den BMW am Kühlergrill und den Mercedes am Stern. Bei den anderen Wagen verstehe ich nur noch Bahnhof.

Ansonsten wird Sohnemann befragt, der bereitwillig Auskunft gibt. Zwar kann er noch nicht lesen, aber technische Details bleiben auch vom Hörensagen an ihm hängen. Natürlich ist er vollkommen heiß darauf, dass auch wir uns endlich ins Heer der Westauto-Besitzer einreihen. Aber noch ist es nicht so weit. Der Trabant ist ja noch gut. Wenn er mal bockt, macht man die Klappe vorne hoch und blickt fachmännisch ins Innere – na, ja, mal wieder die Kerzen verdreckt! Oder der Keilriemen muss durch eine Feinstrumpfhose ersetzt werden. Alles kein Problem.

Nicht so beim West-Wagen. Die Klappe kriegt man vielleicht noch auf, aber nur, um wie ein Schwein ins Uhrwerk zu blicken. Dafür sind jetzt die „Gelben Engel" zuständig oder die Fachleute der ehemaligen PGH „Trabant".

In der Kleinstadt kommen wir mit dem Trabbi weiterhin problemlos zurecht. Nur auf weiteren Strecken (und die haben wir ja jetzt öfter zu bewältigen, seitdem die Grenzen offen sind) geraten wir arg ins Schleudern. Ein Besuch in Bayern bei meiner gesamten Verwandtschaft ist nun schnell mal möglich, aber auf der Autobahn ist mächtig was los. Bayern, Österreich, Italien – alles bevorzugte Reiseziele der Ossis. Und alle nehmen den kürzesten Weg nach Süden – die A 9.

Wir fahren hier heil ab und kommen auch heil an, aber unterwegs gibt es schon einige Schockmomente. Zum Beispiel, wenn man abrupt bremsen muss. Die Westwagen vor uns stehen wie eine Eins, wir stehen quer. Die Bremsen scheinen zu qualmen.

Unserem Sohn entfährt der Begeisterungsruf: „ Mann, war das cool!" Mein Mann und ich finden es eher ganz heiß. Hier muss ein anderer fahrbarer Untersatz her, bevor wirklich was passiert. Die Tante in Bayern wird haarklein in das Bremsmanöver eingeweiht und sieht uns mit hochgezogenen Brauen vorwurfsvoll an: „Und was ich euch schon längst mal sagen wollte: Euer Sitzkomfort ist auch nicht das Gelbe vom Ei! Wie der Frank schon da sitzt – mit den Knien bis zum Kinn."

„Das ist doch gar nicht so schlecht", meint der schmunzelnd. „Da kann ich mir wenigstens die Ohren zuhalten und höre den Krach nicht so, den das Auto macht."

„Aber dein Radio kannst du dir dann auch in die Haare schmieren. Das hörst du sowieso nicht!", so die triumphierende Antwort.Nachdem sie sich mehrmals mit Hängen und Würgen in unsere Pappkiste hineingezwängt und dann wieder herausgedreht hat, müssen wir einsehen: Nun ist's genug, wir satteln um.

Was wir nicht in diesem Maße vorhergesehen haben, ist die Qual der Wahl. Vorbei die lange Wartezeit von 12 Jahren auf die Trabant-Limousine, wobei dann gerade die Farbe „delfingrau" dran ist, auch wenn man lieber mit einem grünen kleinen Flitzer die ewigen Besorgungstouren gemacht hätte. Jetzt schießen in allen Ecken die Autoverkaufsmärkte (erst später werden Autohäuser daraus) aus dem Boden. Manchmal wird nur ein Stückchen unbebautes Land, mit einem Wohnwagen darauf – zum Abschließen der Verträge, eingezäunt und zieht trotzdem die Käufer magisch an. Auch die „alten Karren" gehen weg wie warme Semmeln. Was wiederum zu einem satten Lächeln auf den Gesichtern der Westverkäufer führt, die diese Museumsstücke endlich zu einem guten Preis losgeworden sind.

Wir schwanken nun von Automarke zu Automarke hin und her. Wenigstens können wir uns schon auf die ersten Erfahrungen der Nachbarn berufen, denn wir sind, weiß Gott, spät dran. Wo gibt es also eine Familienkutsche mit geräumigem Innenraum, zweckmäßigem Kofferraum, einem ansprechendem Design und zu einem Preis, der einem nicht die Tränen in die Augen treibt? Einige PS mehr sollte sie auch besitzen, damit wir die Strecke nach Oberfranken auch mal unter fünf Stunden schaffen. Allerdings sollte man zu einem solch wichtigen Ereignis nicht Kind und Kegel mitschleppen, wie von uns praktiziert. Während die Tochter vollkommen desinteressiert auf meinem Arm hängt und vor sich hin plappert, untermalt von einigen unwilligen Stoßseufzern, weil das Geschäft so lange dauert, bummelt der Sohn alleine in der Gegend herum. Bis er mitkriegt, dass wir nicht das Auto seiner geheimen Wahl bevorzugen, sondern einen Audi. Damit hat er nicht gerechnet.

Als es mittlerweile zu dunkeln beginnt und das Geschäft unter Dach und Fach ist, schläft zwar die Tochter, aber unser Sohn ist weg. Nun hat der keine Scheinwerfer dran, wie das Auto. Erst längeres Rufen und die Drohung, dass wir jetzt tatsächlich ohne ihn nach Hause gehen, lockt ihn aus seinem Versteck. Zu diesem Zeitpunkt hat er sich so leidlich mit der Tatsache abgefunden, in Sachen Autokauf noch nicht das volle Mitspracherecht zu haben. Da hat er noch mindestens 13 Jahre Zeit!

Ach, du heil'ger Weihnachtsmann!

Mit dem Weihnachtsmann ist das so eine Sache.
Er ist leider nur saisonal verfügbar und dementsprechend lässt sich auch das Verhalten der liiieben Kleinen nur in diesem Zeitraum einigermaßen in den Griff bekommen. Dann aber richtig. Schon am 1. Advent, wenn das erste Lichtlein brennt und die schönen, alten Weihnachtslieder wieder hervorgekramt werden, von denen man in späteren Jahren kategorisch Abstand nimmt, wird ein wenig leiser mit den Türen geknallt und die Schwester etwas weniger geknufft. Die schreit dann auch etwas weniger um Hilfe und denkt sich: Ich warte ab, *dem* wird's der Weihnachtsmann schon zeigen! *Der* wird noch bereuen, seine Schwester so gepiesackt zu haben!
Um den Kleinen eine Freude zu machen, gehen wir regelmäßig den Weihnachtsmann auf dem heimischen Weihnachtsmarkt besuchen. Komisch ist nur, dass beim Erklingen der

Glocke und dem Schwingen der provisorischen Rute plötzlich die Eltern in der ersten Reihe stehen, die Kinder aber verschwunden sind.

Irgendwann wieder aufgegabelt und vor die Nase des milde blickenden Weihnachtsmannes geschubst (wo kenne ich den bloß her?), kommt dann der sonst so cool auftretende Sohnemann arg ins Grübeln als er dem Mann mit dem schlaff herabhängendem Rauschebart ein ansprechendes Gedicht oder Lied vortragen soll.

Wir besitzen sogar ein Zeitungsfoto, auf dem unser Sohn so nachdenklich die Stirn runzelt, wie er es gewiss zu keinem späteren Zeitpunkt – auch nicht bei der Matheolympiade – wiederholt hat. Trotzdem erhält er sein obligatorisches Konfekt. Jetzt wird erst Mal aufgeatmet und an die Buden mit den kandierten Äpfeln, gebrannten Mandeln und der Zuckerwatte gedrängelt. Lieber die Eltern zur Kasse bitten, als noch mal vorm Weihnachtsmann katzbuckeln.

Den „gemeinen Eltern" macht es natürlich eine diebische Freude ihre lieben Kleinen am Heiligabend mal so richtig kleinlaut zu erleben. Aus diesem Grund halten wir auch nichts davon abwechselnd auf den Papa oder den Opa als Weihnachtsmann zurückzugreifen.

Ein waschechter Geselle dieser Zunft muss her! In einem Jahr bestellen wir einen, nicht per Katalog, sondern bei einem Verein. Für 30,- DM steht dann ein ABM-Weihnachtsmann vor der Tür, dem ich nicht nur den Sack mit den Geschenken in die Hand drücken, sondern dem ich auch noch soufflieren muss. „Wart ihr auch immer artig, liebe Kinder?"

Piepsige Stimmchen aus einer Ecke des Wohnzimmers: „Ja ..."

„Ja?" Nun, wird der wohl endlich den Sack aufkriegen? Ich helfe und reiche ihm jedes Geschenk extra in die Hand. Von dort wandert es mit dem sinnigen Kommentar: „Oh, eine Puppe!" oder: „Wer bekommt denn dieses schöne Auto hier?" in die weit geöffneten Arme des Empfängers.

Der oder die drängelt sich dann schnell wieder in die schützende Ecke zurück und erwartet ein zweites Mal vorgebeten zu werden. Der Weihnachtsmann atmet sichtlich auf, als die Zeremonie vorbei ist.

Wir und die Kinder auch.

Das nächste Mal komme ich durch Zufall auf „den" Weihnachtsmann. Der Nachbarsjunge, gerade 20 geworden, möchte sich was dazu verdienen und klappert an Heiligabend so einige Familien zwecks Bescherung ab. Auch wir erhalten einen Platz in seinem Anmeldekalender. Hier liegen nun die Dinge ganz anders. *Der* Weihnachtsmann lässt sich nämlich nichts vormachen. Schließlich wohnt er gleich nebenan und erlebt das Geknalle und Gekreische live mit. Er fragt also nicht: „Wart ihr auch immer artig?", sondern stellt knallhart fest: „Na, ihr wart doch nicht immer artig!"

Und nur durch ein fehlerfrei vorgetragenes Gedicht oder süß angestimmtes Liedchen kann diese Scharte wieder ausgewetzt werden. Weil uns dieser hellsehende Weihnachtsmann so gut gefällt, bestellen wir ihn jetzt regelmäßig. Nur in einem Jahr glauben wir ihn nicht behelligen zu dürfen – er ist nämlich selbst Papa geworden. Also kümmert sich diesmal unser Opa um die Organisation des bärtigen Gesellen.

Wir erwarten ihn wie immer nach dem Kaffee: Er kommt nicht. Die Zeit verstreicht und wir sitzen wie auf Kohlen. Es rückt schon die Abendbrotzeit heran und unsere Kinder sehen ganz unglücklich drein. Als ich einen Blick aus der Tür werfe, wo unser Geschenke-Sack schon am Anfrieren ist, sehe ich drei Weihnachtsmänner gleichzeitig herumwuseln. Einer entledigt sich gerade seines roten Kostüms und schreitet nun im guten Anzug ins Haus. Von dem anderen erhasche ich noch einen kurzen Blick auf seine Schuhsohlen als er sich nach getaner Arbeit ins Auto wirft und abrauscht.

Und dann greife ich mir doch wieder den Nachbarjungen. Der ist auch sofort bereit, uns aus der Klemme zu helfen.

Schließlich weiß er als frischgebackener Papa jetzt selbst um die Verantwortung, die man seinen Kindern gegenüber hat. Gott sei Dank – Bescherung gerettet.

Wir sitzen nun gemütlich beim Abendbrot als es draußen vor der Tür dröhnt und läutet. Die Kinder blicken erwartungsvoll auf: Prima, noch ein Weihnachtsmann! Ich reiße stirnrunzelnd die Tür auf. Da tönt es mir aus dem verschobenen Bart mit rotleuchtender Nase darüber entgegen: „Ho, ho! Bin isch hier richtisch? Feldstraße dreiundsswanssisch?" Hick! Ich schließe gefährlich langsam die Tür zur guten Stube. Der kommende Wortwechsel ist nämlich nicht für zarte Kinderohren bestimmt. Ja, Mama muss mal ein strenges Wörtchen mit dem Weihnachtsmann sprechen. Wo der so lange gesteckt hat, darüber scheiden sich schon die Geister. Er druckst herum, er wäre zuerst bei Opa im Forsthaus gewesen und als dort niemand war, ist er auf den genialen Einfall gekommen, dass er vielleicht doch zu uns fahren sollte. Fahren? Ich versuche mir lieber nicht vorzustellen, wie diese Reise ausgesehen hat. Mit einem unerbittlichen: *Nun* hatten wir schon unseren Weihnachtsmann! schlage ich ihm die Türe vor der Nase zu. Oh, oh, im nächsten Jahr bekommt Mama bestimmt die Rute! Können wir nur hoffen, dass dann wieder ein anderer Vertreter dieser Spezies erscheint, der von nichts weiß!

Pornografisches und andere nackte Tatsachen

Ich kann mich noch gut an die Zeiten erinnern als ich für meinen Vater die Zeitschrift „neues leben" vom Kiosk holen musste. Natürlich gab es die nur unter dem Ladentisch und zwar für gute Kunden (genauso wie das „Magazin"). Damals kam ich mir fast ein wenig verrucht vor und trat mit Stolz den Heimweg an. Mit einer Zeitschrift in der Tasche, die auf den Mittelseiten im Innern eine nackte Frau versteckte. Danach gierten natürlich noch mehr Ostdeutsche. Und nur das freundliche und zuvorkommende Verhalten meines Vaters (er war *Bauleiter!)* gegenüber der Kiosk-Verkäuferin ließen ihn zu den Privilegierten zählen.

Außerdem konnte ich jeden Mittwoch in der Jugendzeitung „Junge Welt" die Aufklärungsseite „Unter vier Augen" genießen, allerdings ohne nackte Tatsachen. Nach einer Weile konnte ich die Fragen der Pubertierenden schon selber beantworten, weil sie sich in regelmäßigen Abständen wiederholten. Als nämlich die nächste Jugendgruppe herangewachsen war. Kurioserweise sind jetzt zwar 30 Jahre vergangen, aber wieder ist die Altersgruppe der 40- bis 70-Jährigen die am meisten interessierte an der ostdeutschen „SUPER-Illu" und den zahlreichen „Busenwunder"-Zeitschriften. Endlich kann man sich nach Herzenslust an schönen Frauenkörpern und verqueren Sex-Stellungen erfreuen. Hauptsache, man(n) verkraftet das auch seelisch und vor allem körperlich!

Einmal treffe ich einen ehemaligen Arbeitskollegen – nunmehr in Pension – mit leuchtenden Augen vor einem der erst im Wachstum begriffenen Zeitschriftenstände. Vor lauter Aufregung hat er mich erst gar nicht erkannt. Auch im Laufe unseres Gesprächs schweifen seine Blicke immer wieder zu den vollbusigen Mädchen (kein Wunder!) zurück. Wahrscheinlich hat er es aber mit der Lektüre etwas übertrieben. Ein paar Wochen später ist er nämlich tot – Herzversagen.

Beim Friseur oder zum Arztbesuch fahnde ich umsonst nach solchen Zeitschriften. Habe ich etwa keine abbekommen oder sollte man doch lieber die Finger davon lassen? Ah, ja! Der Blutdruck könnte ja in ungeahnte Höhen schnellen oder die Trockenhaube ereilt ein Kurzschluss. Das war ja wohl doch zu heiß!

Auch mein Opa – nun an die 80 und noch nie ein Kind von Traurigkeit – schleppt uns in regelmäßigen Abständen „Weltliteratur" ins Haus. Während er uns vor 10 Jahren noch das

„Kamasutra" kopierte, wobei ihm ein paar Seiten durcheinander gerieten – was aber nicht weiter schlimm ist, weil es ja in dem Werk sowieso drunter und drüber geht – geht's nun echt ans Eingemachte. Er hat ein altes Pornoheft ausgekramt und überreicht es meinem Mann mit einem vieldeutigen Grinsen und einem wohlwollenden Schulterklopfen zum 34. Geburtstag: „Werfe mal einen Blick rein. Zur Anregung ..."

Da der Beschenkte sowieso eine zu knappe Freizeit hat, um es ausgiebig betrachten zu können, nehme *ich* mir das zerfledderte (??!!) Ding erst mal vor. Na ja, die Frauen sind nicht mehr die knackigsten, aber ansonsten ...

Im Nachlass meines Großvaters finde ich später noch mehr dieser animierenden Bildchen – in einem Reclamheftchen mit dem Titel: „Insel der Glückseligkeit". Dort ruhen sie noch heute. Schnell durchsuche ich noch die unzähligen Märchenbücher aus seinem Erbe, die ja für die Kinder bestimmt sind. Es soll doch nichts in die falschen Hände kommen!

Ab und zu flattern neben „Wir bauen Ihnen Ihre gesamte Heizung um"-Werbungen auch „Orion"-Bestellheftchen ins Haus. Wenn es erst mal schön warm ist, macht auch der Sex mehr Spaß, und bei den vielen, wenig stoffintensiven Dessousvarianten kommen auch die durch lange Ehejahre träge gewordenen Gedanken in Schwung.

In unserer Kreisstadt wird sogar ein Beate-Uhse-Laden eröffnet. Und das gleich neben dem Theater. Das wird allerdings ein paar Jahre später geschlossen. Der Beate-Uhse-Laden bleibt. Komisch, wo man doch von außen gar keinen im Geschäft drinnen sieht!

Eine Orion-Verkaufsstelle finden wir nur in unserer ehemaligen Bezirkshauptstadt. Als wir diese schließlich entdecken, fällt uns siedend heiß ein: Hach, wir haben ja die Oma im Gepäck! Also was machen wir als fürsorgliche Kinder? Die Oma wird in ein Cafe' gesetzt und instruiert: „Gönn dir auch mal was Gescheites! Guck mal, was es hier für schaumigen

Cappuccino und leckeren Kuchen gibt! Wir sind in einer halben Stunde wieder da."

Am Laden angekommen, lesen wir, dass auch die Kinder (damals schon größer, aber nicht groß genug) draußen warten müssen. Nun kann der Rundgang beginnen. Es herrscht dämmeriges Licht. Die Verkäuferin macht sich an irgendwelchen Dessous zu schaffen und nervt uns nicht mit unanständigen Fragen. Wir schlendern ab- und aufgeklärt an den Regalen entlang und fragen uns, ob so manches Spielzeug wirklich notwendig ist, um das zu haben, was wir auch schon vorher hatten – nämlich Spaß. Die Pornohefte sind verschweißt und offenbaren erst zu Hause ihren ach, so gar nicht umwerfenden Inhalt. Beherrscht man mehrere Sprachen, stellt man an den Bilduntertiteln fest, dass die gleiche Sache nicht immer gleich interpretiert werden muss. Sie scheint in der einen Sprache mehr Spaß zu machen als in einer anderen.

Den Kindern ist es in der Zwischenzeit langweilig geworden, sodass sie der Oma Gesellschaft geleistet haben. Vielleicht hat die ja die Spendierhosen an. „Na, wie war's?", werden wir von allen Drei empfangen. Der Papa versteckt schnell das Heft zwischen den Seiten der Gartenzeitung. Die Mama erzählt, dass es dort auch Nudeln gab in Penisform. „ Och, und warum hast du die nicht gekauft?"

„Weil die den fantastischen Preis von 9,95 Euro pro Pfund hatten. Da können wir drei kg von den normalen kaufen."

Die normalen wollen die Kinder aber nun nicht mehr.

Wir Ossis hatten eigentlich noch nie Probleme mit der Nacktkörperkultur. Davon zeugen die zahlreichen FKK-Strände an der Ostsee oder auch ganz in unserer Nähe am Bergwitzer See. Allerdings scheinen unsere Nachbarn in den alten Bundesländern da andere Gepflogenheiten zu wahren. Als wir in einem Schwimmbad im Sauerland nach dem Bad in die Dusche kommen, stehen dort alle im Badeanzug unter dem reinigenden Wasserstrahl und duschen sich. Kein Mensch zieht sich aus. Meine Tochter und ich sehen sich fragend an. Wir kommen uns in unserem Evaskostüm total „underdressed" (sprich: nicht gesellschaftsfähig genug bekleidet) vor. Hin und wieder trifft uns sogar ein vorwurfsvoller Blick. Meine Tochter ist nahe daran, ihren Badeanzug wieder anzuziehen. Ich bleibe eisern. Schließlich hing draußen kein Schild mit durchkreuzten Nackedeis!

Diese Klemmi-Ideologie wird immer mehr auch von unseren Kindern verinnerlicht. An den Bergwitzer See fahren kommt jetzt nur in Frage, wenn wir uns nicht unter die Nackten streuen. Ansonsten wird's für die beiden peinlich. Es könnte sie ja jemand soo sehen! In der Tat trifft man unweit von zu Hause doch so manches bekannte Gesicht. Aber was soll' s? Ich sehe *den* oder *die* doch genauso, man grüßt sich und das war's.

Irgendwie kriege ich das nicht ganz zusammen, auf der einen Seite diese Verklemmtheit, auf der anderen Seite haben nun auch die Bordelle offiziell bei uns Einzug gehalten.

Natürlich gab es die in der DDR auch schon. Bloß war dort neben Amüsement Valuta-Abzocke angesagt. Und dabei wurde den Geschäftsreisenden aus dem westlichen Teil Deutschlands noch nebenbei ein bisschen auf den Zahn gefühlt. Auch in Leipzig während der Messe waren die dazu ausgebildeten Damen besonders rege. Nur konnten wir das nie beobachten, da man uns Studenten während dieser interessanten Zeit aufs Land geschickt hat.

Obwohl nur ab einer bestimmten Bevölkerungsdichte erlaubt, maßen sich doch auch kleine und kleinste Gemeinden das Privileg an einen „Massagesalon" der besonderen Art besitzen zu müssen. Offiziell natürlich nicht und trotzdem weiß jeder, wo er sich mal amüsieren *könnte*, wenn er denn *wollte*. Oder glaubt, dass es keiner erfährt. Denn so manche Ehefrau kommt ins Grübeln, wenn ihr Ehemann, der doch sonst kaum weiß, wo Dresden liegt, plötzlich das Dorf X wie aus dem Effeff kennt.

Kurz nach der Wende fahren wir während unserer Bayernbesuche einmal zu einem kurzen Abstecher über die Grenze nach Tschechien. Unser Ziel ist der dortige Markt, um preiswert Alkohol für die nächste Party einzukaufen. Deshalb fährt auch die gesamte Familie mit zwei vollbesetzten Autos, um recht viel Liter pro Person abstauben zu können. Auf der Rücktour meint der Onkel, der den vorderen Wagen steuert und seine durch einen Schlaganfall gelähmte Mutter neben sich sitzen hat: „Jetzt will ich euch mal was zeigen!" Jo mei, wos soll's hier scho geb'n? Nur ein paar einsturzgefährdete Hütten am Straßenrand. Aus denen allerdings aus heiterem Himmel zwei leichtbekleidete Mädchen vor uns auf die Straße springen und mit eindeutig animierenden, verführerischen Bewegungen unsere Männer, nur für fünf Minuten, aus den Autos locken wollen. Selbst die gelähmte Oma fällt da nicht ins Gewicht. Die muss ja eh' sitzen bleiben.

Unsere Tochter – noch im Unschuldsalter von vier Jahren – ist hell begeistert: „Ja, warum winken die uns denn so freundlich zu, Papa?" Unser Sohn hat das Geschehen jedoch gleich durchschaut. Mit weltmännischem Kennerblick herrscht er sie an: „Bist duuu blöd! Das sind Nutten, Mann!"

Hand aufs Herz, was wäre passiert, wenn Oma und Mama nicht mit im Auto gesessen hätten, Onkel? Papa?

Bauboom

Haben wir uns eigentlich eingebildet, der Zusammenschluss von Ost- und Westdeutschland bringt uns nur die DM ins Haus und dann geht's uns gut? *Zu gut* soll es uns aber nicht gehen. Das wird uns als Reihenhausbesitzer schon 1991 klar gemacht. Da schneit uns nämlich ein Schreiben ins Haus, von der Kreditabteilung unserer Sparkasse abgezeichnet. Und macht uns Folgendes klar: „Mit diesem Gesetz wird klargestellt, dass die Kreditinstitute berechtigt sind, für Kredite, die aufgrund früherer DDR-Regelungen zinslos oder zinsverbilligt waren, die Zinssätze durch einseitige Erklärung rückwirkend zum 3. Oktober 1990 an die Marktverhältnisse anzupassen ... Aufgrund der Ermächtigung wird der Zinssatz für Ihren gesamten Eigenheimbaukredit ab 3. Oktober 1990 auf 9% festgesetzt." Ja, das war ein Schlag ins Kontor! Statt ehemals 1056 Mark – für zinslosen und Kredit mit 1% Zinsen zusammen – sind jetzt pro Jahr 2580 DM fällig. Und das ohne Vorwarnung. Wenigstens konnten wir im Juni 1990 noch das Grundstück für „einen Appel und ein Ei" kaufen. Also gilt es jetzt, alles Ersparte zusammenzukratzen und den Kredit so bald wie möglich loszuwerden. Und da geht es uns doch noch gut. Diejenigen Häuslebauer, die jetzt erst den Mut finden, sich ein Eigenheim hinzusetzen, werden ganz anders zur Kasse gebeten. Wir sehen es an unserem Schwager. Und der verzichtet großzügig auf den Keller, der schon alleine 80 000 DM geschluckt hätte. Dafür kann er aber auch nach drei Monaten Bauzeit sein Heim beziehen. Während wir vor einigen Jahren noch zwei Jahre lang an unserem Reihenhaus gewerkelt haben. Es hat halt alles seinen Preis.

Auch auf unserer Straße rücken nach einigen Jahren Ruhezeit wieder Baufahrzeuge an. Vorbei die idyllischen Zeiten, als unsere Reihenhaussiedlung ganz allein auf verlassenem Acker stand. Die zurückgebliebenen Dreckberge konnten unsere Kinder noch schön zum Rodeln nutzen. Oder sich dahinter verstecken, wenn Mama mal wieder zum Essen rief. Unsere Tochter wanderte sogar noch weiter die Straße hinunter, um sich der elterlichen Aufsichtspflicht zu entziehen. Aber außer Unkraut war da nichts und niemand konnte diesen Holperweg im Affenzahn entlang brettern. Nun haben sie sich mehr in den Garten zurückzuziehen. Interessiert wird dennoch auf die Straße gelinst, denn Baufahrzeuge sind nun mal „voll geil". Auch die neu entstehenden Eigenheime verdienen dieses Prädikat. Im Gegensatz zu unseren Blöcken sehen diese nämlich alle anders aus. Der umliegende Garten reduziert sich zwar auf Handtuchgröße, aber das macht nichts. Denn für Gartenarbeit hat eh` keiner mehr die Zeit. Die müssen Hausbesitzers nun verstärkt auf der Arbeit verbringen, um die Riesenkredite abzahlen zu können. Am Ende der Straße entstehen noch Sozialwohnungen für die weniger Begüterten. Die sie aber nach einer gewissen Zeit auch nicht mehr bezahlen können. Für die Kinder ist es besonders unvorteilhaft, dass im Wohnblock vis a vis gleich drei Lehrer einziehen müssen. Als ob man nicht schon in der Schule genug davon zu sehen bekäme!

Ich war immer froh, dass unsere Ecke des Städtchens noch schön grün war. Überall lockerten kleine Kiefernwäldchen das Neubaugebiet auf. Auch um den Kindergarten herum verlockten schattige Plätzchen zum Spielen, besonders in der Sommerzeit. Doch wo gebaut wird, braucht man Platz. Eines Tages müssen auch diese Bäume weichen und prompt rächt sich die Natur. Beim nächsten Regenguss gelangen wir nur mit Mühe in den Kindergarten hinein, der gesamte Hof wird von einer einzigen Schlammpfütze eingenommen. Für die Kinder kein Problem, die haben ja Eimer und Schaufel. Für die Eltern ist das schon eine Diskussion wert. Aber was macht man nicht alles für das neue Neubauviertel, später „Blaues Wunder" genannt. Hier sollen bevorzugt die Angehörigen der Bundeswehr ihr neues Domizil finden. Das alte, in unmittelbarer Nähe des Fliegerhorstes gelegen, hält als DDR-Plattenbau den gehobenen Anforderungen der Marktwirtschaft nicht mehr stand. Es wird ein wirklich schönes Wohngebiet geschaffen, mit Teich, Spielplatz, Kleingehölzen und – einige Bäume sind auch noch da!

In der Innenstadt ist man ebenfalls emsig am Werkeln – alte, marode Wohn- und Geschäftshäuser werden abgerissen und durch neue, höheren Ansprüchen gerechter werdende Häuser ersetzt. Unter grauen Fassaden versteckten sich oftmals wunderschöne Ornamente, Kleinode vergangener Baukunst. Diese veredeln nach der Renovierung das gesamte innerstädtische Ambiente.

So lange das Geld fließt, wird gebaut. Manchmal hat man schon Mühe, zwischen den unzähligen Baustellen hindurch in sein eigenes Zuhause zu gelangen. Denn auch der Betrieb meines Mannes darf den Bauboom mitgestalten. Endlich gibt es vielerorts feste Straßendecken und neue Versorgungsleitungen. Obwohl die neuen Autos Schlaglöcher besser abfedern – man muss sie ja nicht gleich überstrapazieren. Für unser Schloss nehmen wir uns mehr Zeit. Es hat in den letzten Jahren sehr gelitten. Unzählige Vereine und Organisationen waren hier untergebracht. Jetzt soll es zum neuen Sitz der Stadtverwaltung umgebaut werden. Die alten, knarrenden Treppen haben mir damals oft Kälteschauer über den Rücken gejagt, wenn ich wieder einmal bei der FDJ-Kreisleitung oder der DSF antanzen musste. Aber die brauchen ja nun alle keinen Sitz mehr.

Unser Bürgermeister gibt sich zwar erst 1999 sein Stelldichein im neuen Schloss, hat aber zuvor alles rundum schön gemacht. Nun kann er befriedigt aus seinem Schlossfenster gucken und wie ein Burgherr stolz einen Blick ins verschönerte Land schweifen lassen. Heute wissen wir noch nicht, dass wir anno 2004 zur flächenmäßig zehntgrößten Stadt Deutschland avancieren werden. Denn es gibt viele Eingemeindungen und schließlich sind fast alle im näheren Umkreis „Jessener".

Die gehen nun, wenn sie ein Wehwehchen ereilt, ins neue „Ärztehaus" zum Doktor. Der Arzt ist zwar noch der gleiche wie vor der Wende, nur der Name des Gebäudes soll noch mal unterstreichen, dass hier sein Arbeitsplatz ist. Früher hieß das Gebäude daneben zwar Poliklinik, aber deren Funktion

war keine wesentlich andere. Und noch früher gingen unsere Mütter ins Landambulatorium und konnten dort sogar ihre Kinder zur Welt bringen. Der Name tut also nichts zur Sache. Es sitzen auch nicht weniger Patienten da. Eher mehr. Denn es gibt kaum noch junge Leute in der Region. Die wandern dorthin ab, wo es Arbeit gibt. Bleiben noch wir und die Altersgruppe unserer Eltern. Und die kommen öfter. Wenn auch nur, um ein wenig zu klönen und ihre Sorgen rauszulassen: Was denn nun mit dem schönen Bauernhaus, das schon ewig in Familienbesitz ist, werden soll, wenn die „Jungen" alle weg gehen? Und wer kümmert sich dann um sie?
Ja, da gibt es nur eins – ein neues Pflegeheim muss her!

Vor der Wende hatten wir sogar ein Kulturhaus. Es war groß, multifunktionell nutzbar und beherbergte nebenan ein Standesamt, auf dem auch wir unser „Ja – Ja" hauchten. Diesem Gebäude, dem einzigen Kultur-Highlight weit und breit wurde schon 1990 das Licht ausgeblasen. Keine Konzerte, Modenschauen oder Tanzstundenbälle mehr. Vorbei die Zeiten, als Messebesucher die „heiligen" Hallen betraten. Lange steht das Gebäude nutzlos herum. Bis sich ein Käufer findet – eine Supermarktkette entdeckt es für die Einrichtung einer Filiale. Prima, wieder ein Supermarkt – einer von vielen!

Strapazen eines Einkaufs

Wohl jeder von uns hat im Laufe der Jahre ein ganz spezielles und inniges Verhältnis zu „seinem" Tante-Emma-Laden entwickelt. Erscheint man an der Tür, weiß die Frau hinterm Ladentisch schon, was man an dem entsprechenden Tag einkaufen will. Besonders in den Ossi-Läden hatte ja jeder Wochentag sein ganz außergewöhnliches Warenangebot – montags Backwaren, donnerstags Fleisch usw. Auch als wir in unser

Städtchen ziehen, finde ich so ein Geschäft. Es gibt zwar auch Konsum und HO in der Stadt, aber dieser Laden hat noch sein ursprüngliches, eigenes Flair. Man kann mit der Verkäuferin verhandeln, dass bei der nächsten Tomatenketchup-Lieferung auch ein, zwei Flaschen für einen abfallen. Damit die Kinder mal wieder Makkaroni mit Tomatensoße essen können. Auch nach der Wende kann sich der Laden noch eine Weile halten. Aber die Schlange wird immer kürzer. Nur, wer noch ganz in der Nähe wohnt, wie wir, erscheint regelmäßig. Die Supermärkte haben ihren Tribut gefordert.

Ansonsten ziehen in die Konsum-Verkaufsstellen die „O.K."-Läden ein. Dann wird für kurze Zeit ein „oho"-Geschäft daraus. Das bald vom „Konsum-Kauf" abgelöst wird. Nach jeder neuen Namensgebung bin ich froh, dass die Verkäuferin vom „alten" Konsum noch drin ist. Das Geschäft nach der Wende boomt. Endlich haben die Westprodukte Einzug in unsere Ostregale gehalten. Welche Fehler wir bei dem überstürzten Run auf diese Erzeugnisse machen, habe ich ja schon oben erwähnt. Aber wir sind ausgehungert und wenn man hungrig ist, kann man nicht nachdenken.

Im HO finden wir nun die „Spar"-Märkte. Bloß sparen kann man da nicht. Irgendwie scheinen sich die Preise nicht so recht mit unserem Sparverhalten zu vereinbaren.

Es dauert aber nicht lange, da findet die erste größere Supermarkt-Kette ihre Kunden. Und die sind immer noch ziemlich unbedarft, weil unaufgeklärt. Meine bayrische Tante hat mir schon beim gemeinsamen Einkauf, als wir eigentlich noch gar nicht westlich einkaufen durften, erklärt, wie man einen Supermarkt unter die Lupe zu nehmen hat. Dass man von den Angeboten Gebrauch macht, ist Pflicht. Also zuerst erstellt man nach den Erfordernissen (!!!) des 4-Personen-Haushalts einen Einkaufszettel. Darauf kann auch stehen: „Naschen für die Kinder", aber niemals diese dazu mitnehmen!!! Nach einer Weile weiß man schon, in welcher Reihenfolge die Waren präsentiert werden. Am besten, gleich in dieser Reihenfolge Zettel schreiben. Angebote nutzen, aber nicht hamstern. Langsam und wohlüberlegt durch die Reihen gehen. Nicht zu sehr ablenken lassen von eventuellen Bekannten. Nicht täuschen lassen von Beleuchtung und Musik. Tomaten sehen bei Tageslicht oftmals weniger rot aus. Auch anderes Obst und Gemüse langsam hin und her wenden. Dabei aber daran denken, dass Nachfolgende auch noch etwas davon essen wollen. Eigene Größe von Zeit zu Zeit regulieren – in Augenhöhe steht das Teure. Billigeres ist oben oder ganz unten zu finden. Dabei darauf achten, dass 1,99 DM eigentlich schon 2,00 DM sind. Auf die Beine aufpassen, damit sie anderen Einkaufenden nicht im Wege herumliegen. Brille nicht vergessen!!! Schon wegen Haltbarkeitsdatum auf leicht verderblichen Speisen! Am besten Kühltasche nutzen, um Feinfrostware zu transportieren und Haarbildung auf Joghurt zu vermeiden. Wenn alle Artikel auf Zettel mit denen im Korb übereinstimmen, schnurstracks Kasse ansteuern. Auch, wenn Nachbarin gerade freundlich herüberwinkt. Zurückwinken in Richtung Tür. Dort kann man dann in Ruhe tratschen.

So sollte es wohl sein. Allerdings hat Tante nicht bedacht, dass ich die Kinder im Kleinkindalter nicht einfach zu Hause lassen kann. Also werden sie samt Körben, Einkaufszettel und Portmonee ins Auto verfrachtet. Kühltasche wird natürlich vergessen. Am Anfang hatten wir auch noch gar keine. Im Supermarkt wird zuerst nach dem Einkaufswagen gegriffen. Beim Griff in die Hosentasche bemerke ich allerdings, dass ich die Hose mit dem Chip für den Einkaufswagen heute gar nicht anhabe. Die liegt im Wäschekorb. Also, da auch kein DM-Stück im Portmonee zu finden ist, bitte ich die Verkäuferin am Backstand um Geldumtausch. Die macht mich freundlich darauf aufmerksam, dass sie nicht zum Laden gehört und deshalb auch nicht wechseln kann. Also kaufe ich für jedes Kind je ein Brötchen und wechsle 2 DM. Später (ab

2002) bekomme ich den freundlichen Tipp, dass auch 20-Cent-Stücke den Wagen in Gang bringen können. Mit dem Einkaufskorb, auf dessen Sitz ich die Tochter bugsiere, schlendere ich nun los. Dabei stelle ich fest, dass sich der Einkaufszettel nicht mehr im Portmonee befindet. Wahrscheinlich ist er bei der Wechselgeschichte herausgefallen. Suchen ist nicht möglich, denn Sohnemann ist bereits auf dem Weg zu den Süßigkeiten. Die schmeißt er mir in regelmäßigen Abständen und rauen Mengen in den Korb. Ich versuche, in Gedanken die Einkaufsliste mit dem Angebot in den Regalen in Einklang zu bringen. Nun blicke ich doch etwas irritiert um mich, denn, wo letztens noch die Trinkpappen waren, stehen heute die Backwaren. Haben die schon wieder umgeräumt! Erleichtert registriere ich, dass andere genauso bedeppert in der Gegend herumstehen wie ich. Nun wird es schwierig. Die Tochter schreit sich die Kehle aus dem Hals, da ihr Bruder sich die Süßigkeiten selbst nehmen darf und sie nicht. Ich finde die verflixten Windeln nicht, obwohl Tochter dringend eine frische nötig hätte. Während ich mich zu den preiswerten Suppenbüchsen kurz über dem Erdboden bücke, räumt die Tochter den oberen Teil des Regals leer. Der Sohnemann drängelt, da er seine Naschereien kosten will und ich noch nicht bezahlt habe. Ich bin noch nicht mal in der Nähe der Kasse. Freundlicherweise hört die Tochter jetzt auf zu schreien, da ich ihr einen Lolli in den Mund gestopft habe. Das kriege ich mit der Kassiererin schon klar. Trotz des Verlustes des Einkaufszettels ist der Korb proppenvoll. Beim Einräumen ins Auto fällt er mir dann entgegen. Ich hatte ihn in der Eile in eine der Transportkisten geschmissen. Zu Hause grüßt mich die Nachbarin ganz freundlich: „Hallo, ich habe dich heute beim Einkaufen gesehen. Du mich aber anscheinend nicht. Du hast gerade mit dem Oberkörper in der Kühltruhe gesteckt und die Kleine wollte dir den Lolli zu kosten geben. Hat aber nur deine Bluse erwischt."

Nun, kann man dann nicht zu Hause aus vollem Herzen aufatmen und sich freuen, dass nicht noch mehr passiert ist?

Natürlich ist das nur ein kleiner Auszug aus dem Leben mit
zwei Kindern – beim Einkaufen. Denn da gibt es noch die
Werkmärkte für die Männer (für Frauen und Kinder völlig
ungeeignet!) und die Kaufhäuser mit ihren interessanten
Schaufenstern und Umkleidekabinen.
Haben Sie schon mal halb an- bzw. ausgekleidet in einer Ka-
bine gestanden und so ein vorwitziger Wirbelwind reißt plötzlich den Vorhang zurück und kreischt dabei wie angestochen,
damit auch ja alle Kunden in Ihre Richtung blicken und Ihre
Unterwäsche betrachten, die, weiß Gott, schon bessere Zeiten gesehen hat? Wenn Sie dann wütend waren, kann ich das
gut verstehen. Aber es könnten auch meine Kinder gewesen
sein! Die entweder von Schaufensterpuppen abgepflückt werden müssen oder eben aus Umkleidekabinen hinauskatapul-
tiert werden. Nach einem solchen Einkaufstag wünsche ich
mir einen Ort, wo man Kinder auch mal zwischendurch ab-
geben kann. Nicht, wie einen Regenschirm zur Aufbewah-
rung, sondern, wo sie liebevoll betreut und beschäftigt werden. Und da gibt es jetzt tatsächlich einen Verein bei uns.
Der heißt „Frauen und Kinder e.V."

Geborgen im Verein

Was macht man zum Beispiel, wenn einem die Augenbrauen
schon auf der Stirn zusammenwachsen, die Tränensäcke schlaff
herabhängen und die Lachfalten eher zum Weinen animie-
ren? Man plant einen Besuch bei der Kosmetikerin! Weil die
Kinder noch klein sind, habe ich mir das oft versagt. Aber
davon wird man nicht schöner! Natürlich haben mich auch
die Preise dieser „Rundum-Gesichtserneuerung" abgeschreckt.

Wo früher 6,80 Mark gereicht haben, werden nun zwischen 25 und 30 DM verlangt. Das kann doch nicht nur am fortgeschrittenen Alter liegen?! Man kann das Kind zwar mitnehmen, aber eine Stunde mit zwei tratschenden Weibern im Raum, die Schönheitsprobleme wälzen ist auch nicht das Gelbe vom Ei für einen Knirps, der lieber mit Matchbox-Autos spielt. Und, was mache ich, wenn wieder mal ein unaufschiebbarer Termin beim Gynäkologen ansteht? Muss das Kind schon soo früh aufgeklärt werden?

Also bin ich froh, dass es einen Verein gibt, wo die Kinder für eine Weile bleiben können und sich mit der „Tante" dort prächtig beim Basteln und Malen unterhalten. Und mit anderen Kindern kommen sie auch in Kontakt. Denn mit der Zeit finden so einige Mütter, die wie ich außerhalb des Berufslebens stehen hier ihr zweites Zuhause. Es werden Veranstaltungen organisiert, die zusammen mit den Kindern besucht werden, wie Fasching oder Puppentheater. Ein anderes Mal ist was für die Muttis dabei, die hier zum ersten Mal das Gefühl kriegen, dass ihre Erfahrungen im Haushalt, beim Kochen und Backen noch Jemanden interessieren. Der Ehemann regt sich ja höchstens darüber auf, wenn das Essen nicht rechtzeitig fertig ist oder es wieder nur Kinderpamsch gibt – wie Milchreis.

In der Adventszeit sammeln wir gemeinsam Fichtenzweige im Wald (natürlich genehmigt!) und fertigen Gestecke für den Verkauf an. Die Kinder sind dabei so eifrig, dass wir auch über Weihnachten hinaus noch weitermachen könnten. Von dem Erlös finanzieren wir eine Weihnachtsfeier, mit weiblichem Weihnachtsmann, einer Menge Geschenken und viel Spaß.

Hat einer Eheprobleme oder Schwierigkeiten, mit der stetig wachsenden Bürokratie Schritt zu halten – die Frauen vom Verein helfen. Und das alles kostenlos. Was mit der Zeit zu einem Problem wird. Denn die Gelder für soziale Einrichtungen fließen immer spärlicher. Und ganz allein tragen geht auch nicht. Hierher kommen ja gerade die Menschen, die weniger Geld haben. Nach einer Weile des „Genießens" würde ich gerne selbst als beratende Person in diesem Verein mitarbeiten. Aber da macht das Arbeitsamt nicht mit. Weil ich für eine ABM denkbar ungeeignet bin – ich erhalte keine Fördermittel, da ich auch keine Leistungen mehr empfange. Ich bin raus aus dem Ganzen und das bereits nach einem Jahr in der Arbeitslosigkeit. Eine ABM könnte ich nur antreten, wenn kein anderer Interessent für diese Stelle verfügbar wäre. Und Verfügbare gibt es immer mehr.

Für die Nachmittagsgestaltung wählen sich die Kinder später eine andere Einrichtung aus. In dem ehemaligen Nebengebäude unserer SED-Kreisleitung wurde ein schöner Freizeittreff geschaffen. Die Kinder können sich drinnen wie draußen prächtig amüsieren. Es gibt jede Menge Unterhaltungsmöglichkeiten – aktiv wie auch passiv. Sogar eine eigene Tanzgruppe wird zusammengestellt. Im Sommer gibt es Poolpartys, im Winter wird ins Spaßbad gefahren. Was meinen Kindern imponiert, ist das ungezwungene Miteinander. Wenn sie keinen Bock mehr haben, gehen sie einfach wieder. Und in den Ferien nimmt man eben nur an den Veranstaltungen teil, die einen interessieren. Auch, wenn die meiste Zeit sowieso zu Hause bei Muttern verbracht wird – es gibt eine Alternative.

1992 – Abgeerntet

700 Quadratmeter Garten, was ist das schon, wird mancher Hofbesitzer auf dem Land fragen. Für uns bedeutet es eine ganze Menge. Vor Jahren haben wir uns dieses Stückchen Land in einer Gartensparte urbar gemacht. Überall machte uns Luzerne den Platz für die Beete streitig, aber wir haben es

letztendlich geschafft. Inmitten der Bohnen-, Erdbeer- und Rosenkohlvierecke sollte noch eine Finnhütte gebaut werden. Dann kommt die Wende und andere Probleme stehen im Vordergrund. Plötzlich hat man nicht mehr so viel Zeit zum Tratschen. Die meisten haben Sorge um ihren Arbeitsplatz und verbringen mehr Stunden als früher im Betrieb. Die Beete sehen nicht mehr so gepflegt aus, vom Gießen ganz zu schweigen. Mancher findet noch nicht einmal die Zeit zum Ernten. Und wenn man einige Körbe mit Stachelbeeren pflückt, wohin jetzt damit? Die Ankaufsstelle, wo man sie zu guten Preisen wiederverkaufen konnte, gibt's nicht mehr. Der Nachbar winkt auch dankend ab. Einwecken will nicht mehr so richtig klappen. Meine Gläser halten oftmals nicht mehr zu. Ob das an den neuen Einweckringen liegt oder an den noch alten Ost-Einweckgläsern – ich finde es nicht heraus. Jedenfalls verlangt nun auch der Garten am Haus mehr Sorgfalt und Pflege, auch lässt sich unsere Tochter nicht so ohne weiteres stundenlang im großen Garten beschäftigen. Den Sohnemann konnte man seinerzeit hinsetzen, wo man wollte, der blieb sitzen. Die Kleine schreit die Nachbargärten zusammen. So kann man sehen, dass es immer weniger ausdauernde Gärtner werden.

Ich ziehe es nun vor, gleich morgens, nachdem ich die Kinder in die Tageseinrichtung gebracht habe, in den großen Garten zu fahren. Und bin dort meist mutterseelenallein. Eine Nachbarin fragt mich ganz besorgt, ob ich keine Angst hätte, dort ganz einsam für mich herumzuwerkeln – es ist ja schließlich nicht mehr so sicher wie früher. Daran habe ich nicht im Traum gedacht. Wer sollte mir denn schon was tun und warum?

Trotzdem sind irgendwie die Luft und die Lust raus. So viel Gartenland brauchen wir nicht mehr. Es gibt ja jetzt auch im Winter genügend frisches Obst und Gemüse im Supermarkt und Einwecken wird bei den derzeit geltenden Wasser- und Strompreisen zunehmend zum Luxus. Außerdem darf man schon beim Kauf des Saat- und Pflanzgutes eine ordentliche Stange Geld berappen. Also wird eine gartensüchtige Familie aus der Innenstadt gesucht, die sich wie wir damals noch über jedes Stückchen Grün freut. Die Obstbäume und Anpflanzungen werden geschätzt und an unsere Nachfolger verkauft. Die bauen auch die Hütte fertig. Ab und zu lenken wir noch unsere Schritte in diese Richtung, aber irgendwann ist auch das Geschichte.

1992 – Auf falscher Fährte

Unsere Tochter ist nun in einem Alter, wo man das Reiseziel für die Urlaubszeit schon etwas weiter weg stecken kann. Das ist auch eine neue Errungenschaft, die uns allerdings sehr viel Freude macht – wir können jetzt unsere Nachbarländer im Süden, Westen und Norden besuchen, nicht wie noch vor kurzem nur in östlicher oder südöstlicher Richtung abtauchen.
Also besuchen wir eins der wie aus dem Boden gewachsenen Reisebüros. Nicht, dass wir vorher gar keins hatten. Es war nur etwas weiter weg und bot natürlich nicht diese Vielfalt an Reisemöglichkeiten. Wir haben bisher unsere Urlaubswochen in Betriebsbungalows verbracht oder in Einrichtungen des FDGB. Dass gerade damals im Thüringer Wald kein Schnee lag, sondern von Eisglätte, Nebel und Regen ersetzt wurde, dafür konnte die Gewerkschaft nichts. Aber jetzt verreisen wir im Sommer, und im Reisebüro wird man uns schon den richtigen Tipp geben. Wir haben nämlich keine Ahnung, wo wir überhaupt hin wollen. Nur, wann Papa Urlaub kriegt und dass es nicht soo weit weg sein soll, aber weit genug, um seine Baustellen nicht immer vor Augen zu haben. Und familienfreundlich sollte es sein. Denn unsere Tochter isst auch sehr temperamentvoll. Gläser und Suppenteller sind besonders gefährdet. Und wie wir schon von den Nachbarn gehört haben, sind oftmals in Feri-

engebieten Hunde lieber gesehen als kleine Kinder. Die wir aber trotz allem nicht eintauschen wollen.

Jedenfalls nicht gleich. Erst Mal sehen, wie wir den ersten gemeinsamen Urlaub überstehen. Die Chefin vom Reisebüro hat sogar was parat: Eine absolut ruhige Pension im Bayerischen Wald. Und sie macht uns darauf aufmerksam, dass der Ort Kollnburg heißt und sehr klein ist. So klein, dass er kaum auf der Karte zu finden ist.

Na, das ist mal eine Herausforderung für mich. Wenn ich schon kein Autofahrer bin, so kann ich doch wenigstens Karte lesen. Wenn die jetzt auch etwas größer geworden sind und ich immerzu herumblättern muss. Trotzdem finde ich den kleinsten Ort, gerade mückenstichgroß, auf der bayrischen Seite heraus. Abgekürzt mit „Kollnbg." kann es ja nur der gesuchte Ferienort sein. Wahrscheinlich gibt es da nur 10 Häuser, was uns aber egal sein sollte, wenn nur unsere Pension dabei ist. Wir fahren also frohgemut los – nun mit Westauto, was uns die Strecke von 500 km nicht gar so lang erscheinen lässt. Trotzdem muss unsere Tochter schon an der ersten Autobahnabfahrt „Pipi". Liegt wahrscheinlich in der Familie. Nur hat sie noch ihr Windelpaket um, das ich erst abwickeln muss, um ihren kleinen Hintern in den frischen Wind zu hängen. Das klappt aber nicht. Schließlich ist es peinlich, solchermaßen der Welt preisgegeben sein Geschäft erledigen zu müssen. Also wieder das ganze Paket zugepackt und weiter. Das „Kollnbg." auf der Landkarte scheint näher zu rücken. Das auf der Landstraße nicht.

Das Genöle auf den Rücksitzen erreicht eine neue Dimension: „ Wann sind wir denn endlich da?" „Bald, Kinder. Nur noch eine kleine Weile (2 cm ?)!" Die Getränke sind in Ermangelung einer Kühltasche mittlerweile „pupswarm" geworden. Sie sind allenfalls als Apfel*tee* zu genießen. Gegen Abend erreichen wir das von uns angesteuerte „Kollnbg.", allerdings ohne die empfohlene Pension. Die taucht auch nicht auf, nachdem wir den Ort dreimal umrundet haben. Dafür ist der Sprit zur Neige gegangen und unsere Suche erstreckt sich nun erst Mal auf eine Tankstelle. Die Leute dort überraschen uns mit der Hiobsbotschaft, dass „Kollnbg." gleich Kollnberg bedeutet und bei weitem nicht mit dem 70 km nördlich gelegenen Kollnburg gleichzusetzen ist. Diesen Ort haben wir vermutlich bereits vor 1 1/2 Stunden gestreift.

Ich ziehe schleunigst den Kopf ein, als ein vorwurfsvoller Blick aus den erschöpften Augen meines Mannes in meine Richtung fällt. Zu mehr Unmutsäußerungen ist er nicht mehr in der Lage. Na ja, Weiber. Nicht mal zum Kartenlesen zu gebrauchen. Jetzt wirft er seinen Blick auf den Bayrischen Wald in meiner Hand. Na bitte, hier liegt es doch. Und wir hätten auch schon lange am Pool liegen können. Die Kinder erheben keinen Protest mehr. Wenigstens ein Lichtblick, wenn auch noch 70 km entfernt ...

Wir kommen gerade noch zum Abendbrot zurecht. Die Wirtin ist schon auf dem Weg in ihr „Privates": „Wir dachten schon, Sie kommen gar nicht mehr." Und dann mit einem verschmitzten Lachen: „Oder haben Sie uns nicht gefunden?" Wir lachen nur müde mit. So blöd sind wir denn doch nicht, gleich alles zugeben!

Zum Abendbrot gibt es für die Kinder eine große Cola. Die prompt von unserer Tochter unter den Tisch gekippt wird. Das ist dann der Einstand. Peinlich braucht uns das nicht zu sein, trotz klebriger, colagetränkter Tischdecke. Das Personal ist nämlich dergleichen Missgeschicke schon gewöhnt: „Doas is net so schlimm. Schaun's, do is noch so a kloanes Madel!" Unterm Nachbartisch lugt gerade ein keck aussehendes, rotlockiges Mädel hervor. Gleiche Altersgruppe, gleiche Eigenschaften: Ungehemmt und wild. Klar, dass sich die beiden gesucht und gefunden haben. Und sei es auch nur für eine Woche.

Parkschwierigkeiten

Trotz Protestes von Seiten der Kinder wollen wir der schönen Stadt Passau einen Besuch abstatten. Wenn wir schon mal hier unten sind ... An den drei Flüssen Donau, Inn und Ilz gelegen, bietet sie ein wunderschönes Panorama.

Für die Kinder haben indes nur zwei Attraktionen Priorität: Es muss ein Spielplatz vorhanden sein und Eis sollte es geben. Für uns Eltern steht an vorderster Stelle ein Parkplatz. Der dürfte ja in so einer Touristen-Stadt nicht schwer zu finden sein. Glauben wir. Also steuern wir entschlossen einen als solchen ausgewiesenen an. Rumms. Ein anderer Autofahrer fackelt nicht so lange und schnappt uns mit einer rasanten Kehrtwendung den letzten freien Platz weg.

Wir stehen also Schnauze an Schnauze und müssen das Feld geschlagen verlassen. Nach einigen hundert Metern ist jedoch ein Parkhaus in Sicht. Eine tolle Sache – für den, der sich damit auskennt. Aber wir sind ja lernfähig. Also beobachten wir zunächst gespannt unseren Vordermann, was der mit dem komischen Automaten anstellt. Mein Mann überträgt mir die wichtige Aufgabe des Recherchierens: „Steig mal aus und gucke, was man da machen muss!" Ich bleibe natürlich sitzen. Erstens bin ich sowieso auf der falschen Seite und zweitens will ich nicht von den schon hinter uns hupenden Fahrzeugen in den Allerwertesten gefahren werden. Das soll er mal schön selber rausfinden.

Mein Mann versucht nun phonischen Kontakt mit dem Mann aufzunehmen, der sich vermutlich im Apparat versteckt hält. Der versteht anscheinend nur bayrisch. Die Schranke rückt und rührt sich nicht. Wir glauben, dass man da irgendwo was reinstecken muss statt etwas zu entnehmen. Mit letzter Verzweiflung drückt mein Mann schließlich auf den weithin sichtbaren Knopf. Wumm. Der Schrankenarm hebt sich und lässt uns gnädigerweise durch. Nebenbei flattert noch ein

Scheinchen aus dem Automaten, das man später wahrscheinlich wieder irgendwo einführen muss. Wo, das zu überlegen, haben wir ja nun noch eine Weile Zeit.

Na, wenigstens haben wir erst Mal eine Standfläche, die wir später nur noch wiederfinden müssen. Die Kinder sind froh, dass die geplante Schifffahrt zwar nicht ins Wasser fällt, aber dennoch nicht so lange dauert. Die Flüsse leiden nämlich unter Wassermangel – hört, hört – und das in Passau! Viel wichtiger ist für sie, dass wir jetzt schnellstens eine Eisbude und einen Spielplatz finden. Wenn's geht, beides zusammen. Unsere Tochter liebt es ja, auf hohe Rutschen und Klettergerüste zu steigen. Nur mit einem Eis in der Hand geht das eben schlecht. Sie verliert deshalb den Halt, stürzt mit dem Eis vom Klettergerüst und schlägt sich die Lippe auf. Lautes Wehgeschrei bringt halb Passau auf die Beine. Es erreicht auch mich als ich mir gerade am Getränkestand etwas Kühles einverleiben will. Durch das Geheule erschreckt – die Tonlage kennst du doch! – werde ich von der Beobachtung der Biene abgelenkt, die sich schon geraume Zeit unter meinem Rock zu schaffen macht. Die nutzt diesen Moment der Unaufmerksamkeit und sticht zu. Autsch! Ich hätte doch nicht den Rock mit dem Blütendesign anziehen sollen, der verführt die Bienen doch zu sehr dazu ihr Kontingent an Honig zu erfüllen. Unsere nächste Sorge gilt nun dem Beschaffen eines Mittels gegen Insektenstiche. Und unsere Tochter ist voller Überzeugung, dass ein zweites Eis ihrer geschwollenen Lippe äußerst gut tun würde. Vollkommen geschwächt und schmerzgeplagt erreichen wir unseren Parkplatz. Jetzt müssen wir nur noch erkunden, wie wir aus diesem Labyrinth straffrei und ohne Gewaltanwendung wieder herauskommen.

Einige Jahre später sehe ich in der Serie über „Mr. Bean" und seine Abenteuer, dass man auch als Brite (und die kennen diese Parkhäuser bestimmt schon länger als wir Ossis) mit den Tücken der Technik zu kämpfen hat. Da können wir aber schon herzlich darüber lachen!

English for everybody?

Die „Verenglischung" unserer Sprache nimmt nach der Wende ungeahnte Dimensionen an. Selbst, wer in der Schule aufgepasst hat, ist jetzt oft nicht auf dem Laufenden. Besonders hart trifft es die Omas und Opas, die mit dieser Marotte absolut nichts am Hut haben.

So bin ich zum Beispiel zu einem Konzert der Musikschule Fröhlich eingeladen. Dort spielt die Freundin meiner Tochter Akkordeon. Und diese Auftritte sind immer ein Highlight für die Gäste. Wenn nur nicht alle Titel in Englisch gespielt würden! Ohne Gesang geht es ja noch, aber mit ... Die Oma neben mir beschwert sich: „Diese Jugend heute! Denken gar nicht an die Alten!" Das mag sein. „The spirit of the hawk", „Don't cry for my Argentina", „My heart will go on" – tatsächlich alles englische Titel. Aber Oma, die werden doch überall gleich gespielt! Und die paar Lieder. Die steckt die Oma dann schon weg. Kurioserweise kommt die Sängerin tatsächlich bei dem einzigen deutschen Lied ins Schleudern. Ist eben doch nicht ihr Zungenschlag. Aber als bei „Zarathustra" der Saal zu toben beginnt, tobt die Oma mit. Schließlich spielt ihre Enkelin da in der vordersten Reihe – es kann also nur gut sein!

Außer dem oben erwähnten englischen Wort „Highlight" = Höhepunkt gibt es noch viele andere Beispiele für unsere veränderte Sprachwelt. Natürlich kann man nicht mehr Höhepunkt sagen – wie hört sich denn das an? Da gerät man doch gleich in Verdacht, Schlüpfrigkeiten austauschen zu wollen. Aus dem einfachen Zusammenstoß ist jetzt ein „Crash" geworden. Das hört sich mehr nach Action an. Auch, wenn's oftmals viel zu hart ausgeht. Ein Auto pachten, sagt auch kein

Mensch. Das wird „geleast". Gepachtet klingt doch, als ob man sich das nicht leisten kann. „Geleast" ist schon fast gekauft. Der Junggeselle ist jetzt zum männlichen „Single" mutiert. Während man sich ersteren mit angerautem Hemd und selbst gestrickter Weste vorstellt, lässt sich doch ein Single ganz anders vermarkten. Der steckt voller Dynamik und Sexappeal. Sonst kommt der ja nie zum Ziel, sprich: ins Ehebett. Und wenn man sich nach all dem Stress mal entspannen will, dann geht's ab zum „Relaxen". Erholung klingt schließlich wie Kuraufenthalt im Thermalbad. So was „Uncooles"!

Im Herbst 1993 beschließe ich dem ewigen Herumsitzen zu Hause ein Ende zu bereiten und melde mich für einen Kurs bei der Volkshochschule an. Die haben da allerhand zu bieten, Deutsch für Ausländer, Englisch in den unterschiedlichsten Schwierigkeitsstufen, Töpfern, Sport ...
In der Schule haben mir Fremdsprachen immer den meisten Spaß gemacht und da Russisch nun mal nicht mehr so gefragt ist, schreibe ich mich eben für Englisch ein.
Den ersten Tag werde ich nie vergessen. Ich mache mich hübsch, denn zu Hause am Herd hat man ja nicht allzu oft Gelegenheit dazu seine „guten" Sachen aufzutragen. Auf dem Hof, der gleichzeitig der Hof vom Arbeitsamt ist und früher der Hof der Kreislandwirtschaftschule und der Parteischule war, haben sich schon bunte Grüppchen gebildet. Einige Lehrer sind auch dabei. Sie machen keinen Hehl daraus, dass sie nun von Russisch – auf Englischlehrer umsatteln müssen. Also setzen sie sich abends noch mal auf die Schulbank. Ach, du meine Güte – Lehrer! Die stecken mich mit meinen Restkenntnissen aus sechs Schul- und vier Studienjahren doch gleich in die Tasche. Wen interessiert denn hier, wie Schafzucht, mein Studiengebiet, auf Englisch heißt!
Erst mal gar keinen. Denn als sich alle vorstellen, finden sich noch ein Tierarzt, eine Sparkassenangestellte und noch einige

andere unbedarfte Technik – Freaks unter den Wissbegierigen, die die Sprache tatsächlich für den Umgang mit dem Computer oder mit eventuellen Kunden nutzen wollen. Auch ins Ausland reisen schon viele. Das steht bei uns ja noch in den Sternen. Erst im Türkeiurlaub 2001 kann ich meine Englischkenntnisse verwenden: Im Umgang mit einem übereifrigen Masseur!

Ha, und dann geht's los. Beim verstehenden Hören verstehe ich erst mal gar nichts. Genauso gut hätte ich im Chinesisch-Kurs sein können. Aber das visuelle Gedächtnis hat bei mir schon immer besser funktioniert. Bloß gut, dass wir den Text nun auch vor die Nase gelegt bekommen. Mit der Zeit erfahre ich – auch die Lehrer sind nicht allwissend. Das beruhigt ungemein.

Wir erfahren nun im Laufe der Zeit, wie man sich in der Gaststätte ein Gericht bestellt, das man hinterher auch essen kann oder im Laden Bekleidung kauft, die passt. Außerdem checken wir im Hotel ein und lassen uns bei Vorlage der Rechnung nicht übers Ohr hauen. Das alles erfolgt im Gespräch – versteht sich. Unser Dozent macht uns mit der Geschichte Großbritanniens und der USA, deren Feiertagen sowie Sitten und Gebräuchen bekannt.

Damit das Ganze nicht zu trocken rüberkommt, laden wir auch mal Gäste ein. Zum Beispiel eine echte Engländerin, die über die schreckliche deutsche Grammatik stöhnt. Wer sagt hier was von der undurchschaubaren *englischen* Grammatik?

Zum Dank für unsere tröstenden Worte backt sie uns einen „Christmas Cake". Der reicht für den gesamten Kurs, denn er macht sehr satt. Wenn man bedenkt, was da alles an üppigen Zutaten drin ist! Uns besuchen auch Schotten, die am Bau des neuen Gymnasiums mitarbeiten. Aber deren Englisch – oder was auch immer – versteht nur unser Lehrer. Er muss dann als Dolmetscher fungieren.

Die meiste Zeit macht der Unterricht unheimlich Spaß. Wie erklären Sie zum Beispiel einem Engländer, was der Begriff „Tote Oma", also hier ist die Grützwurst gemeint, bedeutet oder was sich hinter einer „Ampelkoalition" verbirgt? Diese Dinge in Deutsch zu beschreiben löst oft schon erhebliches Gehirnjogging aus. Aber im Englischen wird's dann erst richtig lustig. Auch wenn wir Redewendungen kennen lernen, wie zum Beispiel: „It`s raining cats and dogs." Das bedeutet nicht, dass uns Katzen und Hunde auf den Kopf fallen, sondern: „Es regnet Bindfäden."

Nach jedem Semester wird Abschluss gefeiert. Da hat man auch mehr Gelegenheit, sich persönlich kennen zu lernen. Von einer Offiziersgattin aus den alten Bundesländern erfahre ich erstmalig, dass eine Hausfrau doch etwas ganz Besonderes ist. Auf deren Schultern liegt schließlich die Organisation und das Management der kleinsten Zelle der Gesellschaft – der Familie. Und sie weiß, wovon sie spricht – ihre Kinder gehen bereits beide auf's Gymnasium. Zu diesem Zeitpunkt wollte ich eigentlich schon längst wieder arbeiten gehen. Aber vorerst besuche ich sechs Jahre lang Semester für Semester den Englischkurs. Und lerne die unterschiedlichsten Leute kennen, wovon die meisten allerdings den Kurs aus beruflichen Gründen besuchen. Im Gegensatz zu mir, die ich nur aus Langeweile hier sitze und weil ich mal unter Leute will. Dass nicht jeder diese Untätigkeit verkraftet, wird uns deutlich gemacht, als sich „unser" Tierarzt, der schon lange nicht mehr Tierarzt ist, plötzlich das Leben nimmt.

Zu diesem Zeitpunkt weiß ich noch nicht, dass folgendes Sprichwort für manchen von uns zur bitteren Ironie wird: „Cheer up, the worst is yet to come." – „Kopf hoch, das Schlimmste kommt noch!"

Im Dschungel der Schulen

Ich will ja nicht unken, dass früher alles besser war. Das wäre vermessen und entspricht bei weitem nicht den Tatsachen. Aber wenn ich das jetzige Schulsystem betrachte – da kann einem doch der Überblick verloren gehen. Als ich vor 30 Jahren in die Schule kam, wurde ich zusammen mit 29 anderen Mädchen und Jungen in die Allgemeinbildende Polytechnische Oberschule aufgenommen. Dort blieben wir mehr oder weniger alle zusammen bis zur 8. Klasse. Diese Schule verließen Schüler nur dann vor der 10.Klasse, wenn sie mehrmals ein Schuljahr wiederholen mussten und dann eben mit 14 oder 15 Jahren doch lieber den Weg ins Berufsleben einschlugen.

Alle, die ein wenig höher hinaus *wollten,* die Betonung liegt hier auf *wirklich* wollten und zudem noch von der Schule für diesen Weg empfohlen wurden, besuchten noch vier Jahre lang die Erweiterte Oberschule. Hier zogen dann Lehrer und Schüler an einem Strang, denn sie hatten alle das gleiche Ziel – die Hochschulreife mit den bestmöglichen Noten zu erreichen. Natürlich brauchte der eine dafür nur mit dem Arm zu schütteln und die Einser flogen nur so aus dem Ärmel und der andere strebte sich eben einen ab. Aber man praktizierte damals noch das Phänomen der gegenseitigen Hilfe. Ja, ja, es gab Patenschaften zwischen leistungsschwachen und leistungsstarken Schülern. Und das klappte. Auch später, als wir unseren Weg in eine Hoch- oder Fachschule lenkten.

Und welchen Weg schlagen unsere Schützlinge heute ein? Da gibt es schon in unserem Verwandtenkreis das reinste Durcheinander. Während diejenigen aus dem Bundesland Brandenburg bis zur 6. Klasse die Grundschule besuchen dürfen, verlassen die Schüler aus Sachsen-Anhalt diese Schulform schon nach der vierten. Dann wandern sie weiter zur Sekundarschule. Die aber nicht überall Sekundarschule heißt, sondern manchmal auch Realschule. Dort verbleiben die lieben Kleinen dann, unter Umständen, für zwei Jahre in der Förderstufe. Manche Schüler werden dort gefördert, damit sie überhaupt über die Runden kommen, andere werden gefördert, damit sie bessere Voraussetzungen für den Übergang ins Gymnasium erhalten. Die einigermaßen geförderten gehen ab der 7. Klasse in die „normale" Sekundarschule über und kämpfen dort um ihren 10-Klassen-Abschluss. Bei mangelnder Leistung können sie sich schon nach der neunten mit dem Hauptschulabschluss verabschieden. Ins Gymnasium gehen die, die es selber wollen oder deren Eltern es wollen. Was der Lehrer will, spielt nur noch eine untergeordnete Rolle. Es gibt zwar eine Empfehlung der Schule, aber die wird oftmals in den Wind geschlagen. Schließlich kann man sich nach der 4. oder 6. Klasse noch entwickeln, meinen manche Eltern und schicken ihren Filius trotz aller gegenteiliger Meinungen doch hin. Sollen sich doch die Lehrer damit herumschlagen. Schließlich kriegen die dafür einen Haufen Geld! Das Gymnasium wird also von ungefähr ein Drittel aller Schüler besucht. Das steigert nicht unbedingt das Lernniveau in den Sekundar- bzw. Realschulen. Deswegen dürfen ja auch die Lehrer vorzeitig in Pension gehen.

Die Gymnasiasten sind zuweilen erst 10 Jahre alt. In Sachsen werden sie nämlich schon im 5. Schuljahr eingeschult. In Brandenburg sind es anscheinend Spätzünder. Dort geht es erst ab der 7. Klasse los. Und bei uns, in Sachsen-Anhalt? Da schwankt es zwischen 5. und 7. Klasse hin und her. Warum nicht immer mal was Neues ausprobieren? Die Jugend muss flexibel und nach neuesten Erkenntnissen erzogen werden!

Und wann ist endlich Schluss mit diesem Schul-Durcheinander? Na, spätestens nach der 13. Klasse! Manchmal auch schon nach der 12. In Sachsen-Anhalt wechselt es zwischen der 12. und 13. Klasse immer mal wieder. Was sagte doch die Politikerin Regine Hildebrandt über die Notwendigkeit der 13. Klasse? „Dieses eine Jahr ist Schauspielunterricht!" Und obwohl sie wohl, wie meistens, Recht hat: Genügen nicht 10 Jahre Schule, wenn man Schauspieler werden will? Und welche nimmt man dann am besten – Real-, Sekundar- oder Gesamtschule?

1993/1996 – Von Liane zu Liane

Natürlich nutzen unsere Kinder die vielfältigen Formen des Schulsystems in Sachsen-Anhalt. So viel Interessantes wird schließlich nirgendwo sonst geboten.

Vergleicht man die Schulanfangsbilder unserer beiden Kinder, wird von vornherein klar, mit welchem Enthusiasmus die jeweilige Zuckertüte in Empfang genommen wird. Wenn's nur bei dieser geblieben wäre! Dann würde auch unsere Tochter genau wie ihr großer Bruder frisch und frei in die Kamera lächeln. So bleibt es nur bei einem verkniffenen, schiefen Mundverziehen. Ein Lächeln ist da nicht drin. Bei etwaigen nervigen Fragen, wie: „Na, freust du dich schon auf die Schule?" aus der Verwandtschaft und dem Bekanntenkreis antwortet sie nur mit zusammengepressten Lippen: „Na, ja ..." Wenigstens ist sie ehrlich und lehnt jede Rumeierei ab, nur um die Verwandtschaft zufrieden zu stellen. Und dann hat sie als Zweitgeborene ja noch dem Vergleich mit ihrem drei Jahre älteren Bruder standzuhalten. Der dazu auch noch verdammt gut in der Schule ist. Aber dass der dazu lernen muss, sieht sie auch. Und das ist der Haken an der ganzen Sache. Denn das bedeutet Arbeit und *viel* weniger Zeit zum Spielen. Dabei gehört sie zu denen, die ein Wort nur aufschnappen müssen und dann ist es in ihrem hübschen Köpfchen verankert. Ich spreche hier nicht von Mathe, das sind ja Zahlen. Diese Logik wird ihr wohl immer fremd bleiben. Aber die Technik ist ja heutzutage so weit entwickelt. Wozu sich mit ewigen Zahlenkolonnen und schwierigen Rechenoperationen abmühen – es soll ja auch Leute geben, denen das Spaß macht! Ihr macht was ganz anderes Spaß: Das Lesen und Schreiben. Da kriege ich sie zu packen. Die Bilderbücher werden nun von denen mit viel Schrift abgelöst und die gilt es zu enträtseln.

Am Anfang flunkert sie da gerne ein bisschen. Mit dem Buch vor der Nase wird erzählt, was das Zeug hält. Und alle Nichteingeweihten denken, dass genau diese Geschichte da drin steht. Ist sie aber nicht. Diese Geschichten existieren nur in ihrem Kopf. Aber es wurmt sie, dass die vielen Buchstaben ihr fremd bleiben. Also wird lesen geübt und das in Null Komma Nichts. Die Einschlafphase am Abend wird zwar immer noch von Mama gestaltet, aber nicht mehr lange. Dann ist sie selber aktiver Leser in der Stadtbibliothek. Jeder Buchladen wird nach Interessantem durchstöbert, sogar dem Nachbarsjungen der Reiz des Lesens schmackhaft gemacht. Ab der zweiten Klasse reicht das nicht mehr. Sie will selber produktiv werden. Ihre Gedanken und Phantasien auf Papier bringen, Liebesgeschichten schreiben. Im Grunde genommen macht die Schule ihr keine große Mühe. Schon ihr Urgroßvater hat vorausgesehen, dass sie einmal mit Leichtigkeit durchs Leben gehen kann. Und damals war sie gerade zwei Jahre alt! Na ja, als alter Schuldirektor. Da hat man so seine Erfahrung. Die aber nach der Wende irgendwie nicht mehr zählt. Die alten Schulen werden umgebildet, die Schuldirektoren erst mal in die Wüste geschickt. Jetzt wird neu gewählt, schließlich leben wir in einer Demokratie. Am besten fangen die Obersten auch noch mal von vorne an – an einer Grundschule. Und dann langsam wieder hocharbeiten. Aber ganz langsam. Am besten werden denen die Fächer untergejubelt, die keiner unterrichten will, weil zuviel Vorbereitung damit verbunden ist.

Unsere Kinder haben ganz andere Probleme als wir. Nicht, wie sie ihre Leistungen verbessern können. Nein, das kriegen sie schon irgendwie gebacken. Bloß nicht als Streber hervortreten, wie etwa ihre Mutter einer war. Da ist man ja gleich out. Und nicht so viel im Unterricht melden.
In der Klasse unseres Sohnes ist man der Meinung: Bloß nicht so viel melden, das signalisiert Wissensdurst und das kann ja wohl nicht sein. Bei unserer Tochter in der Lateinklasse zeigt

ein sich Meldender an, dass er eventuell etwas *erfragen* möchte. Und das ist genauso verpönt, denn derjenige outet sich damit als Unwissender.

Also wegen des Heißhungers auf Wissenswertes ist man nicht mehr auf einer der zahlreichen Schulformen. Auch nicht auf dem Gymnasium. Natürlich gibt es immer noch die „Superhirne". Aber seltener, und wenn, dann geben die ihr Wissen nicht unbedingt weiter. Sollen doch die anderen ihren Grips selber anstrengen. Schülerpatenschaften – phh, was soll das sein? Kameradschaftlichkeit – wo habt ihr Alten denn den Schwachsinn ausgegraben? Heute zählen Werte wie Coolness (was auch immer man darunter versteht), Härte zeigen in allen Lebenslagen, vor allem einem Bedürftigeren gegenüber, Zahlungskräftigkeit und vor den anderen ordentlich auf die Kacke hauen. Mit den tollsten Klamotten, dem Auto, das der Alte gerade so von dem Geld, das er sich fürs Altenteil zurückgelegt hat, ermeckern kann. Und wenn einer große Widerworte wagt, wird er in die Mangel genommen. Ab und zu werden auch härtere Bandagen angelegt und dann ...

Sport frei !

Vielleicht haben die Kids nicht genügend Auslauf. So betrachten es jedenfalls die Sportlehrer. Denn obwohl das Sport-Angebot nach der Wende um einiges vielfältiger geworden ist, heißt das noch lange nicht, dass nun auch mehr hin rennen. Na, und rennen schon gleich gar nicht. Das machen sie ja kaum in der Schule. Schon in der zweiten Runde auf der Aschenbahn wird der Sportlehrer angekeucht, wann denn endlich Schluss wäre. Unsere Kinder haben nun auch nicht gerade die Sportlichkeit erfunden. Aber sie bemühen sich. Ich war ja ebenso unsportlich, wo soll's denn herkommen? Bis mein Vater, ein Sport-As, anordnete: „Und du gehst jetzt in eine Sportgemeinschaft!" Damals wurde bei uns an der Schule Federball unterrichtet. Fakultativ. Nein, nicht das Wald-und-Wiesen-Federballspiel mit leichtem Hin-und-Her-Geplänkel von beiden Partnern. Sondern wettkampfmäßig, wo einem die Schweißperlen nur so runterrannen und der Gegenspieler ebenfalls zu kämpfen hatte. Jetzt nennt sich das ja Badminton. Das klingt wenigstens nach was. Da denkt kein Mensch mehr daran, dass dieser Sport was mit Federball zu tun haben könnte.

Überhaupt hat der Sport ja eine ganz andere Dimension angenommen. Vor der Wende hatten publikumswirksame Sportarten wie Fuß- und Handball oder Schwimmen den Vorrang. Auch in der Leichtathletik konnten unsere DDR-Sportler brillieren. Und das sollten sie auch, um das kleine Land auf der Karte würdig zu präsentieren. Vor allem politisch: Seht her, was im Sozialismus auf dem Gebiet des Sports möglich ist. Wir warben mit unseren Sportlern für unser Land. Jetzt werben die Sportler für Nike oder T-online. Dort kommt ja auch das Geld her. Reich wurden unsere Jungs und Mädels damals nicht. Aber ich konnte jedes Mal heulen, wenn einer von ihnen auf dem Siegertreppchen stand. Auch als total unsportliche Person war jeder Sieg von ihnen auch ein kleines bisschen mein Sieg. Man konnte sich einfach mehr identifizieren mit einer Kornelia Ender oder einer Christine Errath. Natürlich sollten diese Leute dafür auch kleine Privilegien genießen. Vielleicht gab's dann eher einen Studienplatz oder auch ein bisschen Westgeld, vielleicht einen VW Golf. Das neidete ich denen nicht. Aber welche Geldmengen jetzt locker gemacht werden, um einen Sieger zu feiern, das ist nicht mehr feierlich. Und für Otto Normalverbraucher nicht nachvollziehbar. Die Marktwirtschaft hat eben auch den Sport voll in ihren Krallen. Vor allem Tennis und der Autorennsport hatten in der DDR bei weitem nicht den Stellenwert wie jetzt. Wenn wir da als Dresdner mal den Melkus in seinem Wagen vorbeiflitzen sahen, waren wir schon vollkommen happy. Der war schon ein Exot unter unseren Trabbis und Wartburgs. Aber wir konnten sagen: Wir haben heute den Melkus gesehen! Und Tennis?

Tischtennis, ja, das wurde in breitem Maßstab betrieben. Vor allem auch von der Jugend. Wo heute aber der Hase im Pfeffer liegt. Inmitten all der Budo-, Karate- und Ju-Jutsu-Lehrgänge haben die deutschen Sportarten an Zulauf verloren. Man zeigt sich nun lieber der Öffentlichkeit bei Streetball oder Beachball. Dabei geht es aber mehr um das Präsentieren eines knackigen Körpers, der demonstriert: Hey, seht her, was ich für ein toller Hecht bin, ich habe Power, ich bin belastbar, mir gehört die Welt. Aber Sport ist nicht nur zum Spaßmachen da, Sport kostet auch mehr Geld. Mein Federballschläger kostete vor 30 Jahren 25 Ost-Mark und hält heute noch. Wo gibt's diese Qualität noch zum gleichen Preis? Die unzähligen verschiedenartigen Sportgeräte dienen der Vervollkommnung aller möglichen Körperpartien und haben halt ihren Preis. Entweder schleppt man das Geld in einen Fitnessclub oder stellt sich bei vorhandenem Platz den Keller voll. Wir ziehen letzteres vor.

In mehr oder weniger regelmäßigen Abständen quält sich nun das eine oder andere Familienmitglied in den „Sportkeller". Bei mir mehr die anderen. Die kommen dann verschwitzt und tief befriedigt ob der vergossenen Schweißtropfen wieder zum Vorschein und verkünden atemlos: Heute bin ich eine ganze Stunde auf dem Heimtrainer gefahren! Und habe 700 Kalorien verloren! Sagen's und gehen zum Kühlschrank, um die verloren gegangenen Kalorien wieder aufzufüllen. Da bleibe ich doch lieber gleich mit einem guten Buch auf dem Sofa liegen und erspare mir damit auch den Weg zum Kühlschrank!

1993 – Der Ofen ist aus

Noch 1987, beim Einzug in unser Haus, waren wir voller Dankbarkeit gegenüber den Mächten, die uns eine für Reihenhäuser damals eher rare Schwerkraftheizung bescherten. Wir mussten uns den kostbaren Wohnraum nicht mit platzraubenden Öfen zustellen und hatten nur eine Dreckquelle – und zwar im Keller. Dort lag dementsprechend auch der Arbeitsplatz meines Mannes, wenn er vor der üblichen Aufstehzeit der restlichen Familie eifrig mit Kohlenanzünder und Holzspänen werkelte, um ein ordentliches Feuerchen zustande zu bringen. Erst wenn eine wohlige Wärme das ganze Haus durchströmte, krochen alle anderen Familienmitglieder aus den Federn und wagten sich ins Bad. Unser Papa hatte zu diesem Zeitpunkt schon einen wärmenden Kaffee nötig. Und bisweilen auch eine Haarwäsche. Dann nämlich, wenn er den Aschekasten etwas zu schwungvoll in den Ascheeimer entleert hatte. Doch das focht uns andere nicht weiter an – wenigstens war es warm. Nur manchmal gab es Zoff. Aber das war alleinige Schuld des Schornsteinfegers, der halt doch nicht immer nur Glück bringt. Sondern bei unangekündigtem Besuch auch eine Menge Dreck. Wenn ich zum Beispiel vergessen hatte die feuersichere Tür zum Heizungskeller zu schließen und der schwarze Gesell auf dem Dach klammheimlich von Schornstein zu Schornstein schlich, um sich an den verrußten Essen auszutoben. Dann legte sich eine feine Staubschicht bis in die zweite Wohnetage hinauf auf alle Möbel und auf meine gute Laune.
Aus all diesen Gründen freuen wir uns natürlich auf alternative Heizungsvarianten, die sich uns nach dem Einzug der Marktwirtschaft bieten. Die meisten Hauseigentümer legen gleich los und stellen Öltanks in ihre Keller.
Schließlich gibt es nun genug neu gegründete Firmen, die ihre Leistungen per Werbeprospekt anpreisen. Auch von außerhalb.

Wir wollen damit noch ein wenig warten. Es gibt ja auch noch das Erdgas. Und wenn die Leitung bis in unser Wohnviertel gelegt wird – warum nicht anschließen lassen? Unsere schon mit Öl versorgten Nachbarn betrachten die von uns gewählte Heizungsmethode mit sehr gemischten Gefühlen. Auf die ängstliche Frage der unmittelbaren Nachbarin: „Habt Ihr denn keine Angst, dass es explodieren könnte?" antworten wir knallhart: „Nein. Und wenn, dann fliegen Sie genauso mit in die Luft. Also hätten Sie sich auch gleich mit anschließen lassen können!"

Die solchermaßen „Beruhigte" findet nur ein schiefes Lächeln als Antwort. Aber schließlich bin ich in der Stadt mit Gas aufgewachsen und geschadet hat es doch nicht, oder?

Die Heizungsbauer rücken also an. Und zwar hier aus der Region. Wozu in der Ferne suchen, wenn die Menschen hier auch Arbeit brauchen? Es ist Ende November und draußen ist es knackekalt. Wir heizen an den Tagen vorher noch mal tüchtig ein. Das Haus schmeißt von unten bis oben eine Hitze, dass es sogar mir zu warm wird. Aber die Heizkörper aus DDR-Zeiten sind wie Wärmflaschen. Sie bewahren die Temperatur so gut, dass wir an den Tagen der Umrüstung unseres Heizsystems gut mit einem Ölradiator im ganzen Haus auskommen. Wir kuscheln eben alle ein wenig zusammen, die Kinder bleiben etwas länger in Kindergarten und Schule, die Mama hat sich zu bewegen.

Die Heizungsfirma tut dies auch. In Null-Komma-Nichts haben sie den neuen Ofen drin, auch den Kessel. Wir freuen uns – bald ist es geschafft. Nach drei Tagen geben auch die Heizkörper keine nennenswerte Wärme mehr ab.

Am nächsten Morgen stößt mein Mann beim Kontrollieren der neuen Technik auf eine Wasserlache im Keller. Mist, das Wasser gehört eigentlich in den Kessel. Der aber nachgewiesenermaßen ein Leck hat. Ein neuer muss organisiert werden. Und das nicht morgen oder übermorgen, sondern heute. Wir haben Glück – es gibt noch so ein Ding. In Riesa. Also nichts wie hin und dann eingebaut in Windeseile. Denn irgendwann wird es doch langsam frisch.

Am kommenden Wochenende schaue ich verdutzt um 8.00 Uhr auf den Wecker. Was ist denn jetzt los? Der Ehemann liegt noch seelenruhig im Bett, als ob ihn das Heizen drunten im Keller überhaupt nichts anginge. Na, dem werde ich Beine machen! Oder war der schon unten? Es ist ja doch irgendwie warm im Schlafzimmer. Von meinem Rumgewirtschafte aufmerksam gemacht, schielt mein Mann zufrieden unter der Bettdecke hervor.

„Hach, ist das herrlich. Endlich nicht mehr in aller Herrgottsfrühe aufstehen müssen, in der Kälte in den Keller schlurfen, von der Asche eingenebelt werden ... Was machen wir jetzt eigentlich mit der freigewordenen Zeit? Hast du eine Idee?"

Natürlich – eher frühstücken gehen! In der Küche ist es jetzt bestimmt schon gemütlich warm.

1993 – Vertreterbesuch

Trotz der regen Bautätigkeit auf unserer Straße kenne ich die Leute, die neu einziehen, zumindest vom Aussehen her. Es kommt aber immer wieder vor, dass vollkommen Fremde den Weg vor unsere Tür finden und beim Öffnen derselben schnell ihren Spruch aufsagen.

„Entschuldigen Sie, mein Name ist X. Ich komme von der Firma Y und möchte Ihnen gerne unser Produkt vorstellen."

So weit, so gut. Aber zum Vorstellen kann man die Leute nicht auf der Straße stehen lassen. Also bittet man sie herein. Der eine überzeugt, der andere nicht. Ich bin schwer zu überzeugen. Bevor die Vertreter zur eigentlichen, praktischen Vorführung übergehen, will ich meistens schon den Preis wissen. Das verärgert natürlich den einen oder anderen. Aber wenn

ich höre, dass ein Gerät zum Teppich reinigen 1200,- DM kostet, dann ist das Ding für mich schon gelaufen. Egal, was man noch für Kunststückchen damit machen kann. Es gibt ja bei zwei heranwachsenden Kindern noch andere Ausgaben.
Also mache ich beim zweiten Besuch dieser Firma die Tür gar nicht mehr auf. Kommen Nachbarn oder Bekannte auf mich zu, höre ich mir deren Angebot zumindest einmal an. Denn die suchen meist schon genauso lange nach Arbeit wie ich und wollen auch was verdienen. Außerdem kann es nicht schaden, mal eine andere, intensiver auf die Problemfältchen einwirkende Creme zu testen. Das erhöht vielleicht meine Chancen auf dem Arbeitsmarkt. Oder die Pillchen, die Erkältungen und verschiedenen Mangelerscheinungen vorbeugen sollen. Die verhindern eventuell, dass ich bei jeder grippalen Epidemie im Kindergarten immer gleich mit auf der Nase liege. Und Reinigungsmittel sind selbstverständlich der Hausfrau liebstes Arbeitsmittel. Besonders, wenn man eins davon gleichzeitig zum Bad putzen, Geschirr spülen und zum Blumen gießen nehmen kann. Ferner der Topfkratzer, der das Ceranfeld vom Elektroherd sauber hält und trotzdem keine Maschen in die Feinstrumpfhose reißt. Aber um Himmels willen, nicht die unqualifizierten Dinger einer anderen, weniger berühmten Firma einsetzen. Dann ist die Strumpfhose im Eimer und das Ceranfeld auch!

Mit der Zeit kriegen auch die Kinder mit, wem ich meine Gunst schenke und wem nicht. Und wollen ein Wörtchen mitreden. Warum wir zum Beispiel vom Weingut gerne mal den Wein probieren, sie *ihren* Saft aber nicht von dort beziehen dürfen. Wo der doch so vitaminreich und gesund ist.
Aber die Vertreterin ist genau wie wir der Meinung, den muss man bedächtig trinken, sonst gibt's einen Durchmarsch, der sich gewaschen hat! Und welches Kind trinkt schon bedächtig? Und zu waschen habe ich auch so genug!

Die verschiedenen „Eismänner" klingeln ebenso an der Tür und bieten ihre Ware an wie die Versicherungsvertreter ihre Versicherungen. Wobei die einen mehr den Kindern Freude machen, weil deren „Chicken-Chips" und Eis angeblich besser schmecken als die vom Supermarkt.
Bei den Versicherungen muss man sich erst mal langsam vortasten. Denn, die zuerst klingeln, müssen nicht immer die besten sein. Und überhaupt hatten wir ja bisher nur eine Versicherungsgesellschaft für Haus, dessen Inhalt (samt lebendem Inventar), Fahrrad und Auto. Warum soll das jetzt plötzlich nicht mehr reichen? Als angelernter Wessi lässt man sich nun jede Menge Angebote machen, vergleicht und bemerkt nach einer geraumen Weile, dass die erste doch die beste war! Die dann auch prompt zahlt, als unser Sohn zweimal hintereinander das Fenster in der Garage des Nachbarn einschlägt. Nein, natürlich nicht mit Absicht! Sondern, weil der Fußball irgendwie so einen komischen Rechtsdrall hat. Kann er doch nichts für!

Wissen Sie eigentlich, warum ein Vertreter Vertreter heißt? Sicher, weil er die Interessen seiner Firma vertritt. Aber machen wir das nicht alle? Als ich selber für vier Jahre diese Position innehabe, merke ich, warum. Weil man sich draußen vor der Tür die Beine vertreten kann, bis endlich mal jemand aufmacht. Und dann beim Anbieten seiner Ware noch eine ganze Weile auf der Stelle tritt. Bis man wegtreten kann, weil der Hausbesitzer kein Interesse an den angebotenen Dingen hat. Und dann beim Nachbarn auf die Schwelle tritt ...
Ich wollte so was eigentlich nie machen. Bin aber trotzdem über eine etwas unklar ausgedrückte Annonce in dieses Geschäft hineingeraten. Außerdem wäre etwas eigenes Geld nicht schlecht. Also habe ich es probiert und die deutsche Konkurrenz zur amerikanischen Reinigungs- und Kosmetikvertriebsfirma vertreten. Zuerst kommen natürlich die Nachbarn dran.

Da zieht die Mitleidsmasche. Die wollen einem halt was gönnen. Dann folgen die *anderen Vertreter*. Hier gilt das Prinzip: Kaufst du meins – kauf ich deins. Erst anschließend mache ich mich auf den Weg in unbekannte Gefilde. In die Kindergärten, Bibliotheken, Betriebe. Da komme ich nun aber wirklich zu spät. Die haben entweder schon dem „Amerikaner" den Vorzug gegeben oder eine eigene Reinigungsfirma beschäftigt. Da läuft also nichts. In den Neubaugebieten gibt`s neuerdings Sprechanlagen. Die Haustüren sind alle fest verrammelt. Hier kommt kein ungebetener Vertreter mehr rein. Bleiben noch die Verwandten in Nah und Fern. Aber die wollen's geschenkt. Was bleibt also am Ende übrig? Ich kann mir die ganze Sache schenken! Ich stehe lieber hinter der Tür!

Seit geraumer Zeit senden auch noch andere Institutionen ihre Vertreter in die Haushalte – das sind die Meinungsforschungsinstitute. Die seriösen dieser Sparte melden sich höflich vorher an und betreten dann erst privates Territorium. Dann aber gründlich! Aus den geplanten zwei Stunden werden dreieinhalb Stunden, die ich einem „Befrager" zur Verfügung stehe. Der hatte früher auch ein ganz anderes Umfeld – er war im Knast. Allerdings nicht *hinter* Gittern, sondern davor. Und ab und an streut er seine dabei gemachten Erfahrungen mit ein. Interessant ist das ja schon, aber wenn kleine Kinder rumnölen und ich mich darauf konzentrieren soll, ob ich: a) sehr oft, b) oft, c) normal, d) selten oder e) gar nicht ZDF gucke, dann wird es schon eng im Gehirnkastel. Also, dem Mann habe ich so fast alles erzählt. Nur über das Sexleben wollte er nichts wissen. Da kommt dann ein anderer. Oder sie schicken ihre Fragebögen per Post. Flugs öffnet man nichts ahnend den Umschlag und es fallen einige Slipeinlagen heraus. Deren Nutzung geht mit einem 30seitigen Fragebogen-Monstrum einher, dem ich meine vielseitigen, langjährigen und detaillierten Erfahrungen mit allen Arten von Hygieneartikeln mitteilen soll. Dass ich bald aus dem Alter raus bin, schadet nicht. Die meisten Herstellermarken kenne ich gar nicht, weil ich immer das kaufe, was gerade im Angebot ist und was passt. Aber ich habe auch schon gute Geschirrspüler-Tabs ausprobieren dürfen. Die sind echt Klasse. Allerdings raubt der dazugehörige Befragungsbogen mir fast den letzten Nerv. Und das über Weihnachten! Ist das Reinigungsergebnis: a) sehr gut, b) ...

Manche Bekannte erscheint nun mit ihrem ureigensten „Testgebiet". Auch die Kinder müssen ran, und das, wo sie doch gerade mal über „Mc Donalds" Bescheid wissen. „Aber, da sind sie ja gerade richtig! Würden Sie bitte mal rausgehen. Dann kann ich in Ruhe mit dem Kind sprechen und es wird nicht abgelenkt." Ich verlasse also meine eigene Küche und werde nach einer halben Stunde hereingebeten: „So, jetzt ist die Mutti dran. Jetzt wollen wir doch mal wissen, was die so über „Mc Donalds" erzählen kann!"
Dabei hat sie ein wissendes Lächeln im Gesicht. Natürlich haben die Eltern Null Ahnung von dem *wirklichen* Angebot dieser Fastfood-Kette. Und was bedeutet das? Die Werbung ist auf dem richtigen Weg! Die Kinder beweisen es! Nur an den Eltern muss man noch arbeiten!

Werbung mit Folgen

Bei meinem ersten Westbesuch haben mich besonders die zahlreichen, bunten Werbeplakate fasziniert. So eine richtig knallige Werbewand reißt doch gleich das ganze graue Wohnviertel raus. Und vor allen Dingen wird oftmals viel mehr versprochen als am Ende tatsächlich zu sehen ist. Diese Erfahrung machen wir in einem unserer Bayernurlaube, wo eine tolle Werbung uns ein tolles Spielzeugmuseum verspricht. Welches dann in einem Keller versteckt ist und kaum größer angelegt ist als mein eigenes zu Hause. Aber das müssen wir alles noch lernen.

Schließlich kennen wir ja nur die Werbesendung des Ostens: „Tausend-Tele-Tipps". Manchmal kam sie mittwochs und sonnabends, dann nur noch sonnabends. Geworben wurde da meistens für Cremes und Reinigungsmittel, auch mal für was Elektrisches. Aber eigentlich war die Werbung vollkommen überflüssig, denn das geringe Angebot hinkte sowieso meist der Nachfrage hinterher.

Jetzt hat die Werbung auch einen Sinn. Die zahlreichen Prospekte im Briefkasten beweisen es. Ich habe bei meiner Tante immer den Kopf geschüttelt, wenn sie erst die Angebote durchforstet und dementsprechend akribisch ihre Einkaufsroute zusammengestellt hat. Mann, muss man da von Pontius zu Pilatus fahren, um das bisschen Einkauf zu erledigen! Nun, wo ich vor der gleichen Qual der Wahl stehe mache ich's genauso. Und wir haben ja jetzt in unserem Kleinstädtchen fast alle Supermarktketten vertreten, die es in Deutschland gibt. Das dauert eine Weile bis man da rundrum ist. Dafür ist auf den Dörfern tote Hose. Die kleinen Verkaufsstellen, wo sich Hinz und Kunz zum gemeinschaftlichen Tratsch trafen, unterlagen im Konkurrenzkampf gegen die Supermärkte. Nun trifft man sich eventuell bei Aldi oder Penny. Aber da kann man nicht so lange rumstehen, da ist immer Betrieb. Also gibt's nur ein „Guten Tag!" und „Guten Weg!" Das wünsche ich auch der Briefträgerin, wenn sie mir wieder einen Packen Werbematerial unterschiedlichster Firmen in den Briefkasten schmeißt. „Muss es denn wieder so viel Werbezeug sein?" „Ja, wenn Sie das nicht wollen, müssen Sie einen Aufkleber an Ihren Briefkasten anbringen: Bitte keine Werbung! Aber meistens steht jetzt sowieso der Name drauf." Tja, wo sie den bloß immer her haben?

Noch während meiner Arbeitszeit unterhielten wir uns, was doch da für komische Annoncen in der Zeitung stehen: „Lukrative Heimarbeit! Wer verkauft Adressen?" Irgendeiner muss damals auch meine verhökert haben und wenn man erst mal in dieser Mühle drin steckt, kennen sie plötzlich alle.

Die Werbung wird also, wenn man ihrer nicht gerade selber bedarf, zunehmend lästig. Vor allem die im Fernsehen. Ich habe ja seit geraumer Zeit auch am Vormittag Gelegenheit, mal in die Röhre zu gucken. Und was ich da so sehe, lässt mich am Verstand der deutschen Zuschauer zweifeln. Was da den Leuten im Tele-Shop vom „Feinsten" geboten wird, ist meistens nur zum Lachen. Ich staune nur, dass die Moderatorin, die ja eine promovierte Ärztin ist, das mit macht. Also Geld scheint es demnach einzubringen. Für mich sind diese Minuten nur zum Amüsieren und Bekannt machen mit der raffinierten Werbewelt gedacht. Darauf fällt man doch aber nicht herein!

Ich würde abends gerne mal einen Psychothriller oder eine Action-Serie ganz in Ruhe genießen. Das bedeutet: Sich gemütlich eine Kuschelecke suchen, darin niederlassen und erst in zwei Stunden wieder befriedigt aufstehen, um ins Bett zu gehen. Das ist aber meist nicht möglich. Denn diese Filme kommen bevorzugt auf den privaten Sendern und die finanzieren sich ja bekanntlich über ihre Werbeblöcke. Die nicht enden wollen und mich damit in regelmäßigen Abständen auf die Toilette, ins Bad, in den Keller zum Obst holen oder an den Naschschrank treiben. Damit kommt auch Action in meine gemütliche Fernsehecke und das stört mich. Zudem weiß ich nach 10 Minuten kaum noch, was der Psychopath gerade zu seinem Opfer gesagt hat. Dem haben die Fernsehgestalter nun abgeholfen, indem sie die letzte Passage des Gespräches wiederholen. Der Film kriegt also Überlänge.

Lasse ich mich einmal nicht aus der Ruhe bringen und bleibe während der Werbeblöcke ruhig und entspannt sitzen, dann erlebe ich Folgendes: Eine Frau (natürlich mit Klasse-Figur und in ansprechendem Alter) macht sich unter der Dusche zu schaffen. Dazu vernimmt man stöhnende, viel versprechende Lustgeräusche. Ein Blick auf meine Uhr sagt, es ist noch gar nicht die Zeit, wo solche heißen Sachen auf dem Bildschirm gesendet werden. Na ja, vielleicht ist das ja die Werbung für ein Kondom mit Noppen! Warten wir mal ab. Mist, es ist nur das Haarwaschmittel, was die junge Frau so in Ekstase versetzt hat! Warum wirkt das bei mir nicht so?

Anderes Beispiel: Eine Frau macht Werbung für Antifalten-Creme. Dürfte sich aber in ihrem Alter gerade von der Antipickel-Creme verabschiedet haben, die sie in jahrelanger Kleinarbeit von ihrer Pubertätsakne befreit hat. Nicht zu vergessen das Haarspray, das jede Frisur und das bei jedem Wetter und in jeder Stadt in Form hält. Da hätten die Werbemacher mal unsere Kaltwelle vom Friseur sehen sollen! Nur konnten wir damals solche Werbung nicht machen. Warum? Ganz einfach! Weil wir sowieso nicht nach München oder London fliegen durften!

Auch die lieben Kleinen werden vermehrt in die Werbung einbezogen. Und das sowohl vor als auch hinter der Kamera. Das sind nun wirklich die empfänglichsten Werbekonsumenten. „Mama, guck doch mal. Da gibt's bei Mc Donalds schon wieder eine andere Figur in der `Junior-Tüte! ` Wann fahren wir denn wieder zur Tante nach Bayern?" Der Besuch bei meiner Tante wird bei den Kindern schon automatisch mit einem Besuch dieser Fastfood-Kette in Zusammenhang gebracht. Denn dort haben wir auch zum ersten Mal so ein Hamburger-Ding verzehrt. Und unsere Tochter bemerkte ganz gewitzt: „Mama, das schmeckt viiiel besser als belegte Brötchen!" Und nach ein paar Minuten des aufmerksamen Beobachtens des Nachbartisches: „Ich glaube, die sprechen hier auch so ähnlich wie deutsch!" Ja, und die „Junior-Tüte" verliert auch nicht an Anziehungskraft, als sie später „Happy-Meal" heißt.

Die ersten Zweifel an der Aufrichtigkeit der Werbespots beschleichen unsere Tochter als *ihre* „Pocahontas"-Puppe zwar im Fernsehen mehrfach angepriesen wird, im Handel aber nicht erhältlich ist. Zum Kauf dieser Spezialanfertigung, die auch mit ins Wasser genommen werden darf, haben wir uns aus einem ganz bestimmten Grund entschlossen: Unsere Tochter hält nicht viel von Puppen und deren oftmals aufwendiger Bekleidung. Sie zieht sie lieber aus und nimmt sie mit in die Badewanne. Das halten die „normalen" Barbies nicht lange durch. Dann sind ihre Frisuren verfilzt, also der Lack ab. Bei dieser Puppe soll das anders sein. Aber die kriegen wir eben nicht. Seither ist unsere Kleine nun meiner Meinung: Die wollen doch bloß ihr Zeug loswerden! Und da ist ihnen jedes Mittel recht! Recht hat sie!

1993 – Badespaß

Meistens ist es ja so, dass es den Freibädern selbst im Sommer an Badegästen mangelt. Bei unseren mitteleuropäischen Außentemperaturen auch kein Wunder. Also geht man in die Hallenbäder, die zumeist im Winterhalbjahr geöffnet haben. Da funktioniert aber öfter mal was mit der Technik nicht und man steht vor verschlossener Tür.
Die Zeiten sind nun vorbei. In diesem Jahr öffnet das erste Spaßbad in den neuen Bundesländern seine Pforten. Und die Leute stehen Schlange. Schließlich kann diese Einrichtung sommers wie winters genutzt werden. Und es ist für jeden etwas dabei. Vor allen Dingen die Rutschen. Im ersten Spaßbad ist es ja nur eine. Aber von unseren Kindern sehen wir die gesamten zwei Stunden unseres Aufenthaltes nur die kleinen nassen Hinterteile, wie sie die lange und nasse Treppe zum Rutschen-Start hinauf huschen. Runter kommt man unter lautem Gekreische und Geschubse. Wer eine entsprechende Schwungmasse besitzt und sich zudem noch glatt auf den Rücken legt, der schiebt die „Vernünftigen" alle vor sich her auf einen Haufen. Aber solange keiner ernsthaft zu Schaden kommt, ist es das Gaudi wert.

Das Wasser und die Palmeninsel in der Mitte entsprechen genau meinen Vorstellungen von einem gesunden karibischen Urlaubsaufenthalt. Na, der Hamburger und die Fritten tanzen zwar aus der Reihe, doch sie sind nun mal der Kinder bevorzugtes Nahrungsmittel geworden.

Aber auch die Strömungskanäle bringen so allerhand in Schwung. Besonders, wenn man zu nah an die Düsen gerät, machen sich das Bikiniunterteil oder die Badehose selbstständig und verfolgen ihre eigenen Strömungsgesetze. Man muss sich also beim Hinterherhechten beeilen, um das gute Stück wieder einzufangen. Bevor es Unbefugten in die Finger flutscht. Die etwas Stärkeren sind hier übrigens im Hintertreffen. Sie versperren den schlanken und kleinen Kindern oftmals den Weg, weil sie wie ein Damm aus den Wassermassen herausragen. Da hilft nur vorbeidrängeln.

Ein einziges Spaßbad macht aber noch nicht alle Kinder glücklich. Und vor allem, was passiert in der Zwischenzeit mit den Eltern? Die wollen doch in den zwei oder drei Stunden auch ihren Spaß haben! Der liegt aber schon mehr auf einer anderen Strecke. Nämlich im Whirlpool, an den Massagedüsen oder in den unzähligen Sauna-Varianten. Ob Heu-, Gurken- oder Smaragd-Sauna, hier kriegen alle ihren ganz besonderen Aufguss. Und während sich Mama und Papa von allen Seiten benebeln und kneten lassen, was macht da der Nachwuchs? Mit Doppelbobs, Reifen und Gummimatten – huiii – hinab in die Tiefe rutschen. Und das bei schwerem Gewitter und Donnerhall in den Gewölben. In der Werbung ist von einem atemberaubenden Erlebnis für hartgesottene Wasserpiloten die Rede. Na, da will doch der Papa nicht zurück stehen. Also krabbelt er unter seinen Massagedüsen hervor und stellt sich tapfer in die Reihe der Kids hinter seine Tochter. Wie heißt es noch gleich: Da hilft nur Augen schließen und hoffen, dass es keine Radarfallen gibt!

Perfekt geblitzt

Im Zeitalter von Telefon und Computer erfolgt die verwandtschaftliche Kommunikation nur noch in den seltensten Fällen über den Briefverkehr. Bei einem Porto von 1,10 DM pro Brief sollte man auch die Gedanken sammeln, bis es sich überhaupt lohnt, einen solchen abzuschicken. Aber dann liegt das Gegenwärtige schon wieder in der Vergangenheit und man lässt das ganze Unternehmen gleich sausen.

Damit die Deutsche Post aber trotzdem noch genügend zu tun hat und das Heer der Arbeitslosen nicht noch unkontrolliertere Ausmaße annimmt, sorgen jetzt zahlreiche andere Absender für einen gut gefüllten Briefkasten. So zum Beispiel der Landrat. Beim Erhalt dieser Post hege ich zuerst den verwegenen Verdacht, dass dieser uns vielleicht zu einem Empfang einlädt. Man kann ja nie wissen. Als ich das Schreiben öffne, fällt mir allerdings ein Foto meines Mannes entgegen. Aha, wo hat der Schlawiner sich denn da rumgetrieben? Er sitzt ganz verbissen hinterm Lenkrad unseres Pkws und sein Beifahrer (oder seine Beifahrerin?) ist von einem dicken, weißen Rechteck verdeckt. Na, wobei haben sie dich denn da erwischt? Aha, beim Rasen!

„Ihnen wird vorgeworfen, die nachfolgend bezeichnete Verkehrsordnungswidrigkeit begangen zu haben ...“ Beim Blick auf das Datum der Missetat fällt mir ein: Da saß *ich* ja daneben. Und wir kamen aus dem Urlaub und fuhren von der Autobahn runter, und irgendwie schlich dann eine Autofahrerin in einem Opel vor uns her, die wir unbedingt überholen mussten. Na, das muss einem doch gesagt werden, dass dort geblitzt wird! Damit man sich vorher noch zurecht machen kann und nicht so abgewirtschaftet aussieht, wie man eben aussieht, wenn man aus dem Urlaub kommt. So ist das doch kein Bild. Und Geld verlangen die dann auch noch dafür! Bei *der* Qualität! Na, wenigstens bin ich jetzt beruhigt, dass sich kein anderes weibliches Wesen als Ursache für diese Straftat entpuppt.

Überhaupt wird man jetzt nur noch selten von entgegenkommenden Fahrzeugführern vor einer solch bösen Falle gewarnt. Kaum einer blinkt einem zu: Sieh zu, dass du deinen Bleifuß vom Pedal kriegst, da vorne wird geblitzt. Das gehörte noch vor ein paar Jahren zum Anstand. Und die Leute, die meist so fies versteckt in Privatautos ihrer Arbeit nachgehen, sind auch nicht mehr das, was sie mal waren. Früher konnte man mit denen reden. Vor allem, wenn man das so gut beherrschte wie meine Schwiegermutter. Was jetzt die Briefchen vom Landrat oder die Punkte in Flensburg sind, wurde damals ganz familiär verhandelt. So wurde sie einmal bei einer Geschwindigkeitsüberschreitung ertappt und rechts ran gewinkt: „Ach, schönen guten Tag, Frau R.! Na, wohin wollen Sie denn so eilig? Sie wissen doch, dass hier nur 50 gefahren werden dürfen?"

„Ja, ist denn das die Möglichkeit! Der Herr G.! Ach, war ich schneller? Das kann doch wohl nicht wahr sein! Das ist mir ja noch nie passiert!"

„Heute aber schon. Es tut mir leid, aber ein Stempelchen muss ich Ihnen leider in ihre Stempelkarte drücken!"

„Eine Stempelkarte? Wo soll ich die denn herhaben? So was besitze ich gar nicht. Hier sehen Sie! Meine Fahrerlaubnis ist da, aber eine Stempelkarte? Nee!" Der Polizist musste sich geschlagen geben. Wo hätte er sie auch hinstempeln sollen?

So einfach ist das jetzt nicht mehr. Erstens kennt man die Radarfallensteller nun kaum noch persönlich. Meistens wird man ja in einer anderen Gegend, in der man die Blitzstationen nicht kennt, erwischt. Wenn man Glück hat, wird übers Radio gewarnt. Was eigentlich nicht erlaubt ist, aber lieb gemeint. Manchmal sind die Blitzer in Menschengestalt auch humorvoll. Sie haben sich einmal über das Foto meines Mannes in der Fahrerlaubnis so amüsiert – es war ja auch 25 Jahre alt und hätte Jedermann zeigen können, bloß nicht den Fahrzeugführer – dass er mit einer Verwarnung in Bezug auf ein gültiges, aktuelles Foto davongekommen ist.

Komischerweise flattern aber mehr Fotos ins Haus, wenn der Gatte ohne mich unterwegs ist. Dann geraten die Gedanken wahrscheinlich eher aus den geordneten Bahnen und suchen sich ihren eigenen, nicht auf den Straßenverkehr gerichteten Weg.

Hauptgewinn

Wem zu wenige dieser Briefchen ins Haus schneien, der kann sich vielleicht an der Vielzahl von Einladungsschreiben erfreuen. Ich spreche jetzt nicht von der herzlichen Einladungskarte zur Taufe oder Konfirmation. Die Verwandtschaft ahnt davon gar nichts. Die werden höchstens ebenfalls bombardiert. Manchmal ist die Einladung von uns völlig unbekannten Veranstaltern sogar vollkommen uneigennützig. Man soll nur ordentlich Taschen und noch eine Menge zusätzlicher Gäste mitbringen. Und wird dafür kostenlos zu einem Saisoneröffnungs-Empfang oder zur Präsentationsshow eingeladen. Ganz, ganz klein steht aber irgendwo gedruckt, dass doch ein kleiner Obolus von 4–6 DM zu entrichten ist. Pro Person, versteht sich. Aber das ist doch ein Klacks für das Riesenpaket, das man mit nach Hause nehmen darf. Der ganze Kühlschrank soll hinterher gefüllt sein, wird versprochen! Na, die kennen unseren alten russischen Kühlschrank noch nicht. Da müssen die noch was dazulegen! Ich bin nie auf derlei Veranstaltungen gewesen. Denn ich meide abgeschlossene Räume, die es auf diversen Werbeveranstaltungen ja geben soll. Damit keine ungebetenen Gäste ins Verkaufsrefugium eindringen können. Und das, wo ich laufend auf die Toilette rennen muss! Was soll ich da bloß machen? Meine Schwiegereltern sind schon mal einer solchen Werbekampagne erlegen. Beim

Bestellen einer gewissen Menge Gesundheitsmittelchen, die ja ältere Menschen en gros benötigen, sollten sie gleich noch eine Reise dazu bekommen. Allerdings auch nur mit einer kräftigen Zuzahlung. Und die hätten sie aufgrund ihres labilen Gesundheitszustandes – selbst mit diesen topp-wirksamen Mittelchen – gar nicht antreten können!

Am verführerischsten klingen ja die Versprechungen: Sie haben gewonnen! Der Hauptpreis geht an Sie! Und man wird bezichtigt, an irgendeinem Gewinnspiel teilgenommen zu haben, das man gar nicht kennt. Ich rätsle ja gerne. Aber wenn, dann in Zeitschriften, die ich kenne. Einmal hat es sogar geklappt! Ich habe ein Solarium gewonnen! Ich – die ewig Misstrauische, musste mich tatsächlich bekehren lassen: Es war eine Monstrosität mit Lampen dran. Aber die wollte mir kein Elektriker montieren. Denn der Elektriker kannte mich schon von der Gartensparte her und hatte mich wohl ein wenig lieb gewonnen. Jedenfalls so sehr, dass er mich nicht eines schrecklichen Todes sterben lassen wollte.

Noch nach Jahren bekomme ich Angebote dieser Firma zur Vervollständigung des Lampen-Sets und zum Auswechseln der mittlerweile verbrauchten Lampen. Da liegen diese schon längst auf irgendeiner Mülldeponie.

Auch interessante Zeitschriften erhalte ich für die eine oder andere Zeitspanne. Aber nie den Hauptgewinn! Schon meine Oma war zu ihren Lebzeiten rein aus dem Häuschen, wenn sie so ein Briefchen mit der euphorischen Mitteilung, was sie alles gewonnen hätte, in den alten, zittrigen Händen hielt: „Hier, Angelika. Da steht's doch schwarz auf weiß: Ich habe ein Auto gewonnen oder kann mir das Geld auszahlen lassen. Was ist denn besser? Der Opa sagt, die verarschen uns bloß! Das kann ich einfach nicht glauben!"

Da konnte ich nur energisch antworten: „Glaub dem Opa lieber! Der ist Schuldirektor gewesen. Der weiß Bescheid über die Wahrheiten und Unwahrheiten des Lebens!"

Die nächsten, die Hopp genommen werden, wenn's bei den Alten nicht mehr klappt, sind die Kinder. In der Schule werden Preisausschreiben gemacht und plötzlich steht der Besuch eines Vertreters von einem großen Buchvertrieb ins Haus. Und schenkt unserem Sohn für seine richtige Lösung eine Pinnwand. Wow, der freut sich, ich aber werde schon wieder hellhörig. Wegen dieses kleinen Dingens kommt doch nicht extra so ein geschniegelter Herr ins Haus! Der legt natürlich los – eine Enzyklopädie vom Feinsten, ständig aktualisiert, jedes Wissensgebiet umfassend erklärt – 9000,- DM.
Wenn der Herr nicht so ernst schauen würde, wäre ich sofort in Lachen ausgebrochen. So aber durchfährt es mich: Der meint das tatsächlich ernst. Nun erkläre ich ihm die Situation. Von meiner langen Arbeitslosigkeit und dass der Junge ja gerade erst in die Schule gekommen wäre ... Während er dagegen hält: Man muss ja nicht gleich alles zahlen und der Junge wird auch mal groß ... So groß kann er aber gar nicht werden, dass wir uns das so nebenbei leisten könnten.
Vielleicht ja doch, wenn nur ein einziger der uns prophezeiten Gewinne tatsächlich eintreten würde. Bei Lotterien bin ich schon gar nicht dabei. Aber einmal habe ich' s doch probiert. Gewonnen habe ich nur den Einsatz für die nächste Runde. Und den hat man mir unnötigerweise nicht ausgezahlt, sondern gleich wieder in das nächste Spiel gesteckt. Und dabei konnte ich als Kind schon keine Spiele leiden.

Vor einiger Zeit, wir hatten uns gerade mit dem Westgeld angefreundet, war das Pyramidenspiel in aller Munde. Eingezahlt wurden 3000,- DM und dann konnte es eigentlich nur noch aufwärts gehen. Man musste nur noch jemanden werben, der jemanden wirbt ...
Gewonnen haben dabei nur die, die gleich am Anfang dabei waren. Die meisten verloren nur das mühsam erworbene Westgeld. Und die waren dann echt sauer auf den Gewinner. Gönn-

ten dem das spritzig aussehende Auto nicht, wünschten ihm alles erdenklich Schlechte an den frisch gestrafften Hals. Und das soll's dann gewesen sein? Nein, danke!

1994 – Verflixte Technik!

Ohne modernste Technik ist man heutzutage vollkommen out. In einem Bayernurlaub können wir die Wohnung der Wirtin nutzen und erleben dort zum ersten Mal so richtig Technik pur. Das heißt, wenn man sie bedienen kann. Ich schnappe mir ganz gezielt eine der drei Fernbedienungen im Wohnzimmer und versuche damit den Fernsehapparat in Gang zu bringen. Es haut mich fast aus den Fernsehsesselfedern, als plötzlich die Musikanlage hinter mir losschmettert. Irgendwie habe ich doch die falsche Fernbedienung erwischt. Natürlich kann das nur Mama passieren! Unser Sohn findet gleich auf Anhieb die richtige.

Vielleicht sollten wir unseren technischen Standard auch zu Hause etwas anheben. Also wird zuerst nach einer kleinen Musikanlage Ausschau gehalten. Einer für Musikkassetten, CD's, mit Radio, und die alten Schallplatten sollten auch abgespielt werden können. Wir freuen uns wie die Schneekönige als es so ein Teil tatsächlich gibt. So was wie CD's kennen wir ja noch nicht. Die Dinger sollen zwar nur 20 Jahre ihre volle Qualität bewahren, aber bis dahin ... Die Zeit ist ja so schnelllebig!

Unsere neue Anlage ist dafür nicht langlebig. Schon nach kurzer Zeit zeigt sie Ermüdungserscheinungen. Das passiert natürlich gerade, wenn sie mal zeigen soll, was in ihr steckt. Beispielsweise zu Silvester. Wo man mal mehr als eine CD abspielen will. Ausgerechnet dann meutert sie. Bloß gut, dass wir noch den Plattenspieler anschließen können. Müssen die Gäste eben mit Karel Gott vorlieb nehmen. Wollen sie aber nach einer Stunde Laufzeit nicht mehr. Na, wir haben ja noch das Kassettenteil. Bei schmalzigem Kuschelrock – Sound sinken die Gäste so langsam in den Schlaf. Und dabei hatte ich mir gerade in diesem Jahr eine Party-CD mit den „10 nackten Friseusen" gekauft! So ein Pech!

Pech haben wir auch mit unseren Staubsaugern. Da die neueren Exemplare eine stärkere Saugkraft haben als unsere Ossi-Produkte, bei denen man die Staubfusseln hinterher mit den Fingern aufklauben musste, legen wir uns einen neuen zu. Der saugt zwar wie verrückt, aber der Haltegriff bricht ab. Als sparsame Hausfrau kauft man dann nicht gleich einen zweiten. Ich robbe also eine zeitlang in gebückter Stellung über den Boden, da kann ich mir zudem meine Brille sparen, denn ich komme dem Teppichboden bedenklich nahe. Als ich verstärkt unter Schwindelgefühl zu leiden habe, wenn ich mich aus dieser unbequemen Stellung in die Senkrechte hieve (wie müssen erst die Giraffen leiden!), kaufe ich doch einen neuen. Aber aus dem Angebot! Zum Super-Sparpreis! Das hätte ich mir sparen können. Denn der streikt jedes Mal, wenn ihm etwas zuviel Staub in die Nase, sprich: in den Motor, gerät. Aber bei zwei Kindern fällt nun doch etwas Staub an. Tut mir leid, Staubsauger!

„Tut mir leid!", sagt auch der Mann vom Fachgeschäft. „Aber der Motor ist hin. Wir können Ihnen nur ein neues Gerät anbieten!" Überstrapazieren sollte man die sensiblen Geräte also nicht. Das bemerke ich auch später an der Technik in der Firma meines Mannes. Denn wenn der Computer mal nicht streikt, dann ist es der Drucker. Nach 100 Seiten streckt er die Waffen. „Was?", kritisiert der eilends herbeigerufene Computerexperte. „Sie wollten 160 Blatt hintereinander drucken? Ja, da müssen sie dem Kleinen hier (liebevolles Tätscheln des rauchenden Gerätes) schon mal eine Pause gönnen!" Aber nicht zu lange, denn 60 Seiten muss er noch ausspucken. Eine Aufmass-Zusammenstellung ist nun mal so lang!

Auf viele technische Wunderwerke verzichten wir auch. Wozu sollen wir uns bei 120 Fernsehprogrammen noch einen Videorekorder zulegen? Den können sich später die Kinder anschaffen. Uns Alten genügt in der Regel das Angebot von ARD und ZDF. Mit dem Telefon haben wir allerdings einen guten Fang gemacht. Das ist jetzt ein Jahr alt und stellt uns vollkommen zufrieden. Vorbei die Zeiten der Wohnungskriecherei bei privilegierten Telefonbesitzern. Die man vorher nicht mal anrufen konnte, um zu fragen, ob man bei ihnen mal telefonieren kann. Aber die Zeiten sind nun Gott sei Dank vorbei. Wir haben sogar eines von den Guten – den Schnurlosen. Die nun allerdings noch mit einem Pieper ausgestattet sein sollten, damit man weiß, wo sie sich gerade befinden. Bei einem Reihenhaus mit drei Etagen und Keller kein leichtes Unterfangen. Aber man kann das Telefon jetzt an die unmöglichsten Orte mitnehmen. Es ist ja noch kein Bild-Telefon. Und ich kann sogar dem Eismann-Fahrer die halbe Straße hoch hinterher rennen, weil sein Chef mit ihm sprechen will. Ist doch toll, oder? Während des Telefonats habe ich auch endlich einmal Zeit die Gardinen im Wohnzimmer neu zu ordnen oder die verwelkten Blüten von den Zimmerpflanzen zu zupfen. Das kommt sonst immer zu kurz. Nur der Knopf zum Lauterstellen für die ganze Familie stört mich. Da gibt's ja nun gar keine Geheimnisse mehr. Das müssen wir beim nächsten Kauf beachten. Warum hält das Ding denn nun ausgerechnet so lange?

1995 – Genossenschaftliches

Die Zeit der genossenschaftlichen Umgestaltung war ein einziges chaotisches Machwerk, hervorgerufen durch die Tatsache, dass die Leute, welche die ehemals sozialistischen Landwirtschaftstrukturen zu verändern hatten, diese gar nicht kannten. Unsere großen landwirtschaftlichen Nutzflächen und die konzentrierten Tierbestände passten nicht ins Konzept der Marktwirtschaft. Also mussten sie weg. Um der ganzen Vernichtungsstrategie einen gesetzlich fundierten Anstrich zu geben, wurde im Juni 1990 das Landwirtschaftsanpassungsgesetz herausgegeben. Das beinhaltete einen Zusammenschluss von Pflanzen- und Tierproduktion, so wie vor 20 Jahren deren Trennung beschlossen wurde. Außerdem sollten die LPG entweder in e.G. umgewandelt werden oder man kehrte wieder zum bäuerlichen Einzelbetrieb zurück. Aber so funktionierte das nicht. Schließlich hatte nun jeder schon mal die Vorteile des Schichtbetriebes und des freien Wochenendes genossen. Auch ein Urlaub war regelmäßig drin gewesen. Und das sollten die Bauern nun alles wieder aufgeben? Also entschieden sich nur ein paar ganz Mutige für den Weg des „Wiedereinrichters". Dem ersten Gesetz folgten nun noch weitere, das erste teilweise schon wieder revidierend. Und was ist das Ende der Geschichte? Außer den e.G.'s gibt es nun GbR's, Eigentümergemeinschaften, GmbH's oder Landgüter. Große LPG's werden wieder in kleinere territoriale Einheiten aufgegliedert. Die Volkseigenen Güter sind ganz verschwunden. Denn das Volk ist ja nicht mehr an der Macht. Wer diese jetzt innehat, wird uns schon kurz nach der Wende klar – der Profit.

Fahre ich durch die Landschaft erblicke ich nun brachgelegte Flächen. Vollkommen undenkbar in den letzten 30 Jahren! Aber ohne Einhaltung dieser „Stilllegungsflächen-Auflage" gibt's keine finanzielle Unterstützung. In den Ställen befindet sich weniger Vieh, dafür mit höherer Leistung. Eine Kuh bringt es jetzt auf mindestens 10000 l Milch im Jahr (ohne Weidegang), wo wir vorher schon von 6000 l begeistert waren. Jene „glücklichen" Tiere durften aber noch einen Teil ihres Lebens auf der Weide verbringen.

In meine einstige Arbeitsstätte, die industriemäßige Schafanlage, sind jetzt Jungrinder eingezogen. Von dem ehemals riesigen Schafbestand, der in der Ablammzeit 6000 Stück betrug, ist noch eine Herde von 500 Tieren übrig geblieben, die mit ihrem Meister durch die Lande zieht und wieder ein recht idyllisches Bild vom Schäferdasein vermittelt.

Auch die neue Technik hat Einzug gehalten, mit dem Resultat, dass nicht mehr so viele Arbeitskräfte gebraucht werden. Nur Grund zur Freude? Westliche Berater klopfen reihenweise an unsere Tür. In den Taschen Verträge über einen Schnäppchenkauf im Osten und im Kopf den Gedanken: Eigentlich brauchen wir die Landwirtschaft hier gar nicht, denn auch ohne sie können wir Deutschland komplett versorgen. Aber manchmal gerät man auch an Einen, der risiko- und experimentierfreudig ist. Und nicht gleich alles den Bach runter schickt. Sondern sich fragt, was kann man aus diesem Standort noch machen? Hier fließt doch die Milch noch in Strömen, da kann auch das Geld wieder fließen! Also macht er aus einer maroden Molkerei eine weithin anerkannte. Und damit sich das Personal den veränderten Bedingungen anpasst und auf dem Markt bestehen kann, wird es ordentlich geschliffen: In Anzüge gesteckt und harten Verkaufsgesprächen ausgesetzt, kommt sich so Mancher plötzlich viel wichtiger vor. Und das ist ja das Ziel, denn im Marketingbereich sind wir eben alle noch viel zu bescheiden. Es hat uns ja auch niemand Zeit gegeben, von innen heraus zu wachsen.

Mein Mann hat das Glück, in seinem Betrieb schon seit 1978 tätig sein zu dürfen. Damals wurde er sogar von dort zum Studium delegiert und erhielt seine Bücher bezahlt.

Hauptaufgabe seines Meliorationsbetriebes war es jedoch, die geschaffenen oder in Planung befindlichen Großflächen der LPG besser bewirtschaftbar und befahrbar zu machen. Sie hatten Gräben zu bauen und zu beräumen, für die Beregnung der landwirtschaftlichen Flächen zu sorgen oder Stauanlagen zu bauen. Nach der Wende wusste in den alten Bundesländern gar keiner etwas mit dem Begriff „Melioration" anzufangen. Was sollte das wohl sein? Außerdem bestand nun die Notwendigkeit den Betrieb umzuprofilieren. Sie blieben zwar noch Genossenschaft, sind aber nun eine „eingetragene". Ein neues Firmenlogo musste auch her, denn wie überall hängt nun maßgeblich von der Werbung der Erfolg des Unternehmens ab. Heute werden Schmutz- und Trinkwasserleitungen in die Erde gelegt, Wege und Straßen erhalten eine schöne Decke. Der neue Tiefbaubetrieb musste einige Abteilungen des alten Meliorationsbetriebes ausgliedern oder von den noch vorhandenen die Mitarbeiterzahlen reduzieren. Nun kämpft er jedes Jahr mit unzähligen anderen Tiefbaubetrieben darum, einen der wertvollen Aufträge von Städten und Gemeinden oder den Straßenämtern zu erhalten. Denn von jedem Auftrag hängt das Überleben des Unternehmens ab. Bei uns noch das der ganzen Familie.

In diesen Zeiten des erbarmungslosen Konkurrenzkampfes sollte das gesellige Leben nicht zu kurz kommen. Schon, um die leeren Batterien wieder aufzuladen, neue Kräfte zu schöpfen. Den anderen zu zeigen, dass man auch in diesen harten Zeiten füreinander da ist. Aber wie sieht es denn in Wirklichkeit aus? Vorbei die unzähligen Betriebsausflüge, die Feiern mit regelmäßigem feuchtfröhlichem Aus- oder Abgang. Zwar ist jetzt der Himmelfahrtstag auch offiziell zum Feiertag der Männer avanciert. Aber muss denn Feiern erst beglaubigt werden? Irgendwie ist da so allerhand Menschliches und ein Teil der Lebensfreude den Bach runtergegangen.

Trotz allem bin ich natürlich erfreut, als für mich die Möglichkeit besteht im Betrieb meines Mannes einige kleinere Aufgaben zu übernehmen. Vor allem am Computer. Der mir von meiner Arbeit in meiner letzten Arbeitsstelle noch (un)gut im Gedächtnis geblieben ist. Denn dort machte er auch schon

nicht das, was ich als denkender Bediener ihm vorschrieb. Diese Möglichkeit, mir eins auszuwischen, nutzt er immer noch. Kaum habe ich mal eine falsche Tastenkombination gewählt, schreit er mich schon an: Error! Fehler! Irrtum!
Wer sagt hier eigentlich, dass ich mich geirrt habe? Vielleicht hast auch du dich geirrt? Das sieht er natürlich nicht ein. Da muss dann ein Experte her, der sich nur in einer für ihn und den Computer verständlichen Sprache unterhält. Dafür verstehen wir den Experten nicht.

Lebensphilosophie

Eigentlich begegne ich Menschen mit den unterschiedlichsten Glaubensvorstellungen tolerant und aufgeschlossen. Wenn jemand aus seinem Glauben zu Gott die Kraft schöpft, mit dem Leben und dessen Widrigkeiten besser fertig zu werden, dann bin ich auch ein bisschen neidisch. Denn mir wohnt so ein Glaube nicht inne. Zwar bin ich evangelisch getauft, aber das war auch mein einziger aktiver Bezug zur Religion. Ich sehe mir gerne Kirchen an und bewundere deren Schönheiten – als Tourist. Auch die Bibel habe ich gelesen, nicht studiert. Aber mir einen Einblick verschafft, um andere, gläubige Menschen besser zu verstehen.
In der DDR waren einige Glaubensgemeinschaften verboten. Erst nach der Wende lerne ich Menschen kennen, die auf der Straße stehen und ihre Interpretation der Bibel anderen Menschen vermitteln wollen. Meine erste Begegnung mit solchen Leuten hatte ich in Bayern. Eine Verwandte ließ diese Prediger sogar ins Haus, um mit diesen dort weiterzuplaudern, das heißt die Eingelassenen beschwatzten sie.

Eines Sonnabendvormittags stehen auch vor meiner Haustür Vater und Kind. Sie rühren sich nicht von der Stelle, nur ihre

Lippen bewegen sich unermüdlich. In dem Moment als ich die Tür öffne, werde ich von einer rezitierten Bibeltextstelle überschwemmt. Das Kind liest, der Vater interpretiert das Gelesene mit seinen Worten. Worte, die auch mich von der Richtigkeit seines Glaubens überzeugen sollen. Ich weiß, dass es verschiedene Bibelübersetzungen gibt. Und dass diese nicht hundertprozentig übereinstimmen. Dass man auch Erweiterungen und Ergänzungen einflechten kann, die den Inhalt verzerren, erfahre ich erst später.

Die beiden stören mich zwar bei der Zubereitung des Mittagessens, aber was soll man bei einem Mann anderes erwarten? Als sie mir zwei kleine Bändchen kostenlos überlassen wollen, die ihre eigenen Vorstellungen zur Entstehung des Lebens auf der Erde beinhalten, bitte ich sie doch herein. Und damit habe ich schon den Grundstein für weitere Besuche gelegt. Denn diese Gespräche werden festgehalten und mit dem Vermerk gekennzeichnet: interessiert. Dabei will ich eigentlich nur meine Toleranz herausstellen. Aber hier scheint das Sprichwort zu greifen: Reichst du den kleinen Finger, will er gleich die ganze Hand.

Die gebe ich aber nun doch nicht. Denn die eigene Meinung über angesprochene Probleme lassen diese Leute nicht gelten. Sie haben immer eine Gegenaussage parat.

Bei einem späteren Besuch überlassen sie mir ein Faltblatt mit ihren Zielen und Lebensvorstellungen. Ich gerate regelrecht in Panik, als ich zu dem Punkt gelange, dass Bluttransfusionen einfach abgelehnt werden. Voller Unglauben denke ich an die möglichen Konsequenzen. Würden diese Menschen denn wirklich eher ihre Lieben sterben lassen, als lebensrettendes Blut anzunehmen? So weit geht meine Toleranz nun aber nicht. Auch andere Punkte, wie das vollkommen weltfremde Verhalten, dass junge Leute im Umgang mit anderen Jugendlichen an den Tag legen sollen, finden nicht meine Zustimmung. Auf keinen Fall sollte ein junger Mensch zuviel

Ehrgeiz bei der Wahl des Berufes an den Tag legen, denn er braucht seine Zeit noch für wertvollere Tätigkeiten! Die ich hier nicht näher darlegen möchte. Dieses Faltblatt macht mich hellhörig. Und sorgenvoll. Ich denke dabei vor allem an meine Kinder. Sind die stark genug, solche Vorstellungen abzulehnen? Da hilft nur ein offenes Gespräch, wenn es soweit ist. In den beiden Bändchen über die Entstehung des Lebens auf der Erde wird natürlich die in der Schule gelehrte Evolutionstheorie in Frage gestellt und durch eigene Theorien ersetzt. Damit kann ich mich jedoch nicht identifizieren. Da gibt es doch etwas viel Besseres!

Spuren der Götter

Warum immer nur von *einem* Gott ausgehen?
In Erich von Dänikens Welt gibt es mehrere. Und die waren sogar hier auf der Erde! Die phantastischen Werke dieses Autors macht uns wieder der Opa schmackhaft. Der hat ja schon immer ein Händchen für Aufsehen erregende Sachen. Wir besuchen also einen Vortrag von Dänikens und erhalten sogar eine Widmung von ihm in einen seiner Bände. Als ich um eine ganz spezielle Widmung für meinen Opa bitte, die er in ein weiteres Buch schreiben soll, meine ich erklären zu müssen, dass mein Opa leider nicht selber hier sein kann. „Wieso?", kommt die prompte Frage. „Sitzt er im Rollstuhl?" Aber auch das wäre für Herrn von Däniken kein Problem gewesen. Er hätte ihn einfach her-"beamen" können!
Der Meister der spekulativen Archäologie spricht in seinem Vortrag über außerirdische Existenzen, die vor unzähligen Jahrhunderten auf der Erde ihre Schöpferkraft walten ließen. Das leuchtet mir allerdings ein. Warum sollten wir paar Hanseln auf der Erde denn die einzigen vernunftbegabten Wesen im Universum sein? Wo zudem sogar noch die Vernunft zu

wünschen übrig lässt? Und unsere Computertechnik kommt jetzt erst so richtig ins Rollen.

Ins Weltall fliegen wir auch erst seit ein paar Jahrzehnten. Da waren doch die „Anderen" schon lange bei uns. So vieles Rätselhafte wie das perfekte Straßen- und Kanalisationsnetz der Maya, ihre Städte und Bauten, die unterirdischen Observatorien und astronomischen Anlagen würde durch seine Theorien eine Erklärung finden. Natürlich ist alles, was der allgemeinen Schulbildung Kopfschmerzen bereitet, umstritten. Aber das spornt den Herrn von Däniken noch mehr an. Das gefällt mir. Nicht, dass ich schon mal mit eigenen Augen ein Ufo gesehen hätte. Aber ich kenne jemanden, der jemanden kennt ...

1995 – Kriminelles

Eigentlich leben wir ja in unserem kleinen Städtchen ganz ruhig und zufrieden. Klar, lässt mal der eine oder andere etwas mitgehen, das ihm nicht gehört. Schon zu Ostzeiten haben sie mir mein Fahrrad aus der verschlossenen Garage geklaut oder sind in das eine oder andere Gehöft eingestiegen. Aber sonst ...

In der Großstadt ist das schon anders. Meine Dresdner Oma geht nur noch mit verstecktem Geldtäschchen, das sie um den Hals gehängt hat, aus dem Haus. Und abends schon gleich gar nicht. Da bleibt jeder, der nicht unbedingt auf die Straße muss, in seinen vier Wänden.

Bei einem Urlaub im Chiemgau wundern wir uns, dass die Wirtin tagsüber ihr Haus unverschlossen lässt und sogar die Garage offen steht. Das kann doch nicht sein! Mitten im Kapitalismus! Wir fragen sie, ob sie keine Angst vor Einbrechern hätte. Und erhalten die beruhigende Antwort: „Ah na! Bei uns bassiert so wos net!" Nun, bei uns jetzt schon! Kleine

Post- und Sparkassenfilialen bieten jetzt ein genauso beliebtes Ziel von Raubüberfällen wie Supermärkte.

Einmal sind wir sogar live dabei. Gott sei Dank nicht als Geisel. Wir wollen nur einen kleinen Zwischendurch-Einkauf machen in einem Supermarkt, der sich nicht in unserem Städtchen befindet. Langsam schlendern wir durch die Halle, ein junger Mann schlendert auch. Allerdings braucht der keinen Korb. Dafür nutzt er die Innentaschen seine Jacke. In denen befindet sich auch noch was anderes – seine Waffe. Das haben die pfiffigen Mitarbeiter aber schon bemerkt und alarmieren die Polizei. Die sind so schnell da, dass der junge Mann keine Chance hat, von seiner Waffe Gebrauch zu machen. Wir packen gerade unsere Einkäufe ein, da steht er schon in Fesseln. Erst im Nachhinein bekomme ich kalte Füße. Verdammt, das hätte auch schief gehen können!

Die Kriminalität macht sich bereits unter der Jugend breit. Da wird geschlagen, getreten, erpresst und gedealt. Die erst neu erbauten Kinderspielplätze sind nach kurzer Zeit schon demoliert. Häuserwände, gerade frisch verputzt, fallen selbsternannten „Spray-Künstlern" zum Opfer. Alles Dinge, die wir in dieser verschärften Form nicht kennen. Wer sich nicht dem ungekrönten Chef einer Clique unterwirft, ist Mode. Wer ist schuld an dieser Entwicklung? Unsere Konsumgesellschaft? Problematischer Medienkonsum? Die fehlende Wärme im Elternhaus?

Wohl von jedem etwas. Doch, wer schon so jung anfängt, der setzt seinen Weg in den meisten Fällen auch in dieser Weise fort. So „besuchen" uns in diesem Jahr einige „Glatzköpfe" aus den umliegenden größeren Städten. Sie provozieren zu unserem Schul- und Heimatfest im August eine handfeste Schlägerei. Die Schausteller und einige Festbesucher wehren sich und schlagen damit die ungebetenen „Gäste" in die Flucht. Aber die Feststimmung ist dahin. Die Schausteller, deren Leben sowieso nicht einfach ist, haben den Schaden und einen Schwerverletzten gibt es auch. Bleibt die Angst vor einer Wiederholung.

1996 – Abgelehnt

Es ist kaum zu glauben, aber ich bin schon fünf Jahre regelmäßiger Gast auf dem Arbeitsamt. Und werde alle 12 Wochen darüber befragt, wie ich mich denn nun um einen Arbeitsplatz gekümmert hätte. Natürlich meinen das die Damen und Herren durchaus ernst. Sie sitzen ja schließlich nicht für umsonst da. Irgendwie muss doch dieses Tohuwabohu an Arbeitslosen kontrolliert werden.
Ich gehöre zu den Wenigen, die nur ein Jahr Arbeitslosengeld bekamen – 600,- DM. Das liegt daran, dass unsere Ostlöhne noch als Grundlage bei der Festsetzung des Arbeitslosengeldes dienten. Ein paar Monate lang sind's auch 700,- DM. Dann nichts mehr. Schließlich habe ich einen Ehemann. Der hat noch seinen Job und kann sich jetzt gefälligst auch um den Rest der Familie kümmern. Ich bin zur Hausfrau avanciert und habe damit zufrieden zu sein. Doch genau da liegt mein Problem.
Schon beim ersten Bewerbungsgespräch wurde mir klar gemacht, dass es noch Bedürftigere als mich gibt. Das sah ich auch ein. Damals stand ich auch erst am Anfang meiner Suche und hatte mich beim Arbeitslosenverein beworben. Anderen Arbeitslosen beim Bewältigen des ständig unübersichtlicheren Schriftkrams zu helfen, ihnen Mut zu machen, es noch einmal auf dem Arbeitsmarkt zu versuchen – das traute ich mir schon zu. Aber ich wurde abgelehnt. Eine andere Bewerberin hatte den Job nötiger.
Mein Selbstvertrauen schwand von Bewerbung zu Bewerbung. Ich konnte regelrecht dabei zusehen, wie es mir durch die Finger rann. Die schließlich nur noch den Wischlappen und den Staubsauger festhielten. Und wer hielt mich fest?

Bis jetzt habe ich mich eigentlich nur dort beworben, wo ich glaubte eine echte Chance zu haben, weil zum Beispiel eine Arbeitsstelle frei wird oder die Neugründung eines Betriebes ansteht. Was man natürlich nur über den Buschfunk erfährt. Aber wenn man nicht mehr aktiv am Leben teilnimmt, bekommt man auch nicht mehr soviel über den Buschfunk mit. Und so kam ich so manches Mal zu spät. Oder auch zu zeitig. Ich handhabe es eigentlich immer so, dass ich meine Bewerbungsunterlagen persönlich abgebe. Damit ich mir einen eigenen Einblick in das Unternehmen verschaffen kann und natürlich auch der Verantwortliche der Einrichtung von mir weiß: Aha, die meint es ernst. Doch die Unterlagen wandern oftmals ganz unten in den Aktenschrank, weil die jeweilige Stelle beispielsweise noch nicht frei ist. Und liegt und liegt und wird mir vielleicht im Folgejahr zugesandt mit dem Vermerk: „Da jedoch viele Bewerbungen eingegangen sind und nur eine begrenzte Anzahl von Arbeitsplätzen zur Verfügung steht, ist es leider nicht möglich, alle Bewerbungen zu berücksichtigen." Auf den Unterlagen steht dann mit Bleistift „86". Sie waren Nummer 86. Auch wenn ich eigentlich die erste Bewerberin war.

In fast allen Antworten werde ich mit den Worten getröstet: „Wir bedauern, Ihnen keinen positiven Bescheid geben zu können." Na, und ich bedauere es erst!

Es scheint, dass es auch für Betriebe einen Leitfaden gibt, wie man Bewerbungen beantwortet. Ich habe mir einen zugelegt, wie man eine Bewerbung *richtig* schreibt. Damit sie wenigstens einer liest, ehe er die abschlägige Antwort schreibt.

In unserem Städtchen haben sich ja in den letzten Jahren wahnsinnig viele Supermarktketten niedergelassen. Aber damals waren die Kinder noch zu klein, sodass ich nicht in Schichten arbeiten gehen konnte. Eine Bewerbung habe ich aber trotzdem losgeschickt, vielleicht gibt's doch eine Möglichkeit im Management. Dafür ist unsere Filiale aber wieder zu klein.

In diesem Jahr habe ich mein drittes Vorstellungsgespräch. Und darauf habe ich mich, weiß Gott, gut vorbereitet. Um mehr über den Betrieb zu erfahren als gewöhnlich in der Zeitung steht, befrage ich eine Kollegin, die dort arbeitet. Auch, um mich über die Eigenheiten des Personalchefs zu informieren. Was könnte der für Fangfragen stellen, was für einen Frauentyp bevorzugt er?

Aber damit, was mich tatsächlich erwartet, habe ich nicht gerechnet. Zuerst werde ich an der Betriebswache abgeholt. Dann schleust man mich in das betriebliche Labyrinth ein und bittet mich auf den Personalchef zu warten. Ich bin erfreut, weil er so umgänglich ist und mir genau die Fragen stellt, auf deren Beantwortung ich meine umfangreichen Vorbereitungen getroffen habe. Und dann offeriere ich ihm noch (ungefragt), dass für meine Kinder gut gesorgt ist, ich also auch für Überstunden zur Verfügung stehe oder nicht gleich ausfalle, wenn sie mal krank sind. Ich hätte da Jemanden, der sich um sie kümmert. Wie alt denn die lieben Kleinen wären, werde ich gefragt.

„Der Große 10 und die Kleine kommt jetzt in die Schule", antworte ich wahrheitsgemäß. „Und da wollen sie ihre Kinder schon allein lassen? Meinen Sie nicht, die brauchen da noch in erster Linie ihre Mutter? Meine Frau blieb zu Hause bis die Kinder aus der Schule waren!"

Da bin ich ja nun fertig. Ich fühle mich wie eine Rabenmutter. Das mir, wo ich doch immer für meine Kinder da war und für die Nachbarskinder oftmals noch dazu. Und wer kann sich das bei uns eigentlich leisten, dass nur einer arbeiten zu gehen braucht? Natürlich erhalte ich nach ein paar Wochen die obligatorische abschlägige Antwort. Aber sie tut diesmal doppelt so weh.

Am Anfang meiner Bewerbungszeit war ich noch über jede Absage unheimlich wütend. Wütend auf den Betrieb, dass er jemand Anderem den Vorzug gegeben hat. Wütend auf mich, weil ich es wieder mal nicht geschafft habe, dieser bevorzugte Jemand zu sein. Ich grübelte viel über die Gründe nach. Was war an mir falsch geraten, wo ich mir doch früher die Arbeit aussuchen konnte?

Und hier beginnt die Zeit, wo ich nach jeder Absage auffallend stiller werde. Wer Arbeit hat, hat im Gegenstück dazu keine Zeit mehr. Nicht mehr genügend Zeit für sich und seine Familie und erst recht keine Zeit mehr, um darauf zu achten, was der andere macht. Wie's dem geht und warum es dem so geht. Wie man dem helfen kann. Es nimmt einen keiner mehr an die Hand und sagt: Komm ich zeige dir, wo du wieder gebraucht wirst, damit das Lachen wieder in dein Gesicht zurückkehrt.

Geschlagen

Und dabei geht es mir nicht wirklich schlecht. Auf der Straße sieht man jetzt auch bei uns in der Kleinstadt zuweilen einen Menschen ohne festen Wohnsitz vorbeischlendern. Nur mit ein paar West-Tüten in der Hand (früher durften wir die in der DDR eine Zeitlang gar nicht in die Hand nehmen), gefüllt mit seinem gesamten Kleiderbestand. Als ich bei meiner ersten Reise in den Westen 1987 mitten in der Nacht auf dem Bahnhof ankam, lagen dort einige Obdachlose, um zu übernachten. Damals hatte ich Angst. Und heute? Was unterscheidet diese Menschen denn noch von mir? Dass sie kein Zuhause haben, macht sie das so viel schlechter als dich und mich? Wie kommen sie denn wieder raus aus dieser Zwickmühle? Ohne Arbeit – keine Wohnung, ohne Wohnung – keine Arbeit ... Ich erinnere mich an die Worte meiner Tante in Bayern, die sie uns damals mit auf den Weg gab: Auch bei uns ist nicht alles Gold, was glänzt. Muss es dann aber gleich ein Pappkarton sein?

Natürlich gibt es auch unter den Menschen am Rand der Gesellschaft, beziehungsweise am Straßenrand, „schwarze Schafe". So passiert mir ein paar Jahre später in Dresden Folgendes: Ich besuche mit der Familie meine Schulfreundin in der Stadt und natürlich bummeln wir ein bisschen durch die Geschäftsstraßen. Hier gibt's ja nun doch ein anderes, vielfältigeres Angebot als bei uns. Wir sind emsig am Schwatzen und biegen währenddessen ziemlich scharf um eine Ecke in das eigentliche Einkaufszentrum ein. Und die Obdachlosen lassen sich ja bevorzugt an solchen belebten Plätzen nieder. Entweder bieten sie irgendeine kleine Vorstellung oder sitzen mit ihrem Hund eng an sich gedrückt und warten, dass einer von den vielen Vorbeieilenden etwas in die Tupperdose wirft, die vor ihnen steht. Während der Rest unserer kleinen Truppe schon vorauseilt, nehme ich die Ecke zu kurz und trete in die Dose des dort sitzenden, ziemlich heruntergekommenen Bettlers. Ich bücke mich, um sie aufzuheben und will mich für das Missgeschick entschuldigen. Dazu komme ich aber gar nicht. Der vermeintlich körperlich stark angeschlagene Mann steht plötzlich mit erhobenem Arm hinter mir, bereit mir eine Kräftige ins Gesicht zu schmieren. Ich bin so perplex, dass ich ihm nur wortlos die Dose entgegen halte und sehe, dass ich weg komme. Die anderen haben den Vorfall nur am Rande mitbekommen. Meine Tochter ist genauso erschrocken wie ich und sichert mir zu: „Aber ich hätte dir geholfen!" Natürlich, meine Kleine! Und wer hätte uns beide dann von der Straße wieder aufgelesen?

1997 – Küchenwunder

Eigentlich hatten wir uns vorgenommen, nicht so schnell den Verlockungen des schier unerschöpflichen Angebotes an neuem Mobiliar zu erliegen. Schließlich sind noch Kinder im

Haus, und die Abnutzung des alten damit bei weitem noch nicht abgeschlossen.

Vor vier Jahren durfte unsere Tochter endlich ihr eigenes Zimmer in Besitz nehmen und wir Eltern zogen uns, wenn auch noch nicht aufs Altenteil, so doch in die 3. Etage unseres Reihenhauses zurück. Die zweite Etage sollte der Jugend vorbehalten bleiben. Also wurde der alte, sehr tiefe, breite und hohe Schlafzimmerschrank Pappstück für Pappstück abgebaut und unter Hängen und Würgen die steile Treppe hoch getragen. Um dort fein säuberlich wieder aufgestellt seine Aufgabe als multifunktioneller Kleider-Taschen-Wäsche-Schrank zu erfüllen. Aber, was war auf den paar Stufen denn mit unserem guten Stück passiert? Wie man es auch drehte und wendete, das Ding hatte sich verzogen. Wahrscheinlich hätte man im Laufe der Zeit doch öfter mal die Bettwäsche mit den Abendkleidern tauschen sollen. Das war's dann wohl. Keine Tür ließ sich mehr schließen, die Rückwand klaffte nach außen. Also, was war das Ende der Geschichte? Das ganze Ding wieder drei Treppen runtergeschleppt, dabei sämtliche Rückenwirbel verdreht und den Schrank für den Sperrmüll freigegeben. Aber nun kann der ausgelagerte Wäscheberg ja nicht auf ewig im Zimmer rumliegen. Es muss ein neuer Schrank her! Was gar nicht so leicht ist, denn solche riesigen Unikums werden jetzt nicht mehr hergestellt. Also lieber gleich zwei Stück bestellt, einen weiblichen und einen männlichen. Da gibt's keinen Zoff. Ha, gab's aber doch. Und zwar mit dem Versandhandel. Denn die von uns bestellten Schränke waren bereits vergriffen. Wir sollten uns anderweitig orientieren. Nun, das ist ja nicht mehr schwer. Nach einiger Zeit (wir hatten die Schränke bereits), erhielten wir mit der Post die Mitteilung, dass wir unsere bestellten Stücke nun doch vom ersten Versandhaus erhalten sollten. Und zwar sehr bald. Daraufhin entstand nun ein reger Schriftverkehr. Der Versand sah nicht ein, wieso wir nun schon andere Schränke hätten. Das ging so einige Monate hin und her. Erschwert wurde das Ganze dadurch, dass wir noch kein Telefon hatten, um mal ein klipp und klares Gespräch führen zu können. Erst als mein Mann außer Haus zum Hörer griff, hatte der Zirkus ein Ende.

Unsere zweite Begegnung mit dem Versandhandel verläuft bei weitem besser. Wenn auch nicht ganz problemlos.

Nachdem wir bei Verwandten und Bekannten die hübschesten Küchendekors bewundert haben und ich unsere Dreckecken zwischen den einzelnen Teilen unserer „alten" Küche sowieso schon lange nicht leiden konnte, beschließen wir, uns auch eine neue Küche zuzulegen.

Der Vertreter des Versandhauses kommt sogar ins Haus und entwirft eine Küche ganz nach unseren Wünschen und den Maßen der schiefen Küchenwände. Das ist nicht so einfach. Wir sitzen geschlagene vier Stunden und tüfteln. Und das, obwohl mein Mann vorher schon eine Zeichnung nach den gröbsten Vorstellungen angefertigt hat. Aber am Schluss steht unser Küchenwunder, zumindest auf dem Laptop-Bildschirm. Natürlich sind vor dem Einbau noch einige kleine Details zu beachten. Da müssen neue Wasseranschlüsse für den Geschirrspüler, neue Steckdosen für den Kühlschrank und neue Fliesen über der Arbeitsplatte her. Vorher sind aber noch die zahlreichen Wasserleitungen in Schornsteinnähe zu verkleiden, denn wo sollen die Einbauschränke sonst hängen? Beim Ausbau der alten Küchenschränke stehen die Nachbarn schon Schlange, denn die Teile kann man noch gut im Keller zum Einlagern der Suppenbüchsen oder des Handwerkszeuges nutzen. Nur der Spültisch zerfällt uns praktisch zwischen den Fingern. Die Presspappe löst sich einfach in Wohlgefallen auf. Wir beziehen derweil die Waschküche im Keller zum Kochen und Essen. Was macht's? Es ist Sommer, und den Kindern erscheint das alles doch recht abenteuerlich. Der eigentliche Einbau dauert nur einen Tag. Das hängt vom Wert der Küche ab. Bei so einer popeligen, kleinen und preiswerten (?) Küche ist eben nur ein Tag vorgesehen. Die zwei Handwerker schwitzen sich einen ab, schleppen die Arbeitsplatte laufend rein und raus, was am besten durchs Fenster geht, und freuen sich über jeden Anpassungserfolg. Nach dieser Sisyphusarbeit nehme ich stolz die Küche in Besitz. Prima, der Geschirrspüler wird mir das lästige Spülen nun endlich abnehmen. Der Kühlschrank kann aber mit unserem alten, russischen nicht mithalten. Da passt nicht mal mehr die Hälfte rein. Aber dafür kühlt der auch wirklich gut. Erst später bemerke ich, dass der in den Keller verbannte, russische, plötzlich fieser Weise doch wieder kühlt. Dem war's am Küchenfenster nämlich nur zu warm. Jetzt sind sogar die Gurken da drin erfroren und vorher war die Butter ein schmieriger Klumpen!

Aber das Beste ist doch der neue Elektroherd! Obwohl wir vorher schon einen mit Ceranfeld hatten, den jetzt meine Schwägerin aufs Auge, das heißt in die Küche gedrückt kriegt, kann ich mit dem noch viel mehr machen. Zum Beispiel den Kuchen auf dem Gestell herausfahren lassen, um zu kontrollieren, wie lange ich ihn noch drin lassen muss bis der Teig endlich nicht mehr pappig ist. Eine Zeitschaltuhr habe ich auch. Die kann ich zwar nicht bedienen, aber dafür habe ich ja einen Sohn. Der sie mir auch einschaltet, bei deren Klingeln aber permanent verhindert ist, um sie wieder auszustellen. So drücke ich dann auf allen Knöpfen herum bis die Uhrzeit auch noch weg ist.

Wir erfreuen uns zwei Jahre lang an der Küche. Die Garantie ist mittlerweile den Bach runter gegangen. Plötzlich ist es auf der Spüle so nass. Das scheint aus dem Wasserhahn zu kommen, der auch im fast geschlossenen Zustand leckt. Da knutscht mich doch gleich ein Elch! Ich rufe den Service-Dienst an. Der schickt einen Kollegen aus Magdeburg. Das ist auch der nächste Weg. Der Kollege kommt genau zum Mittagessen. Es gibt Krautrouladen. Na, für *den* fällt noch eine ab. Er kann also getrost mitessen. Aber zuerst macht er seinen Job. Der Hahn wird ausgewechselt. Dabei kriecht er in recht verbogenem Zustand unter der Spüle herum. Und lässt plötzlich von unten seine fragende Stimme ertönen: „Wissen Sie eigentlich, dass Ihre Arbeitsplatte total verbogen ist? Die könnte bald brechen. Dann haben Sie den Salat!" Ja, den scheine ich wirklich zu haben. Natürlich ist der Wasserhahn-Mann nicht für die Arbeitsplatte zuständig. Das fällt ins Ressort des Chefs. Dummerweise gibt's aber nach zwei Jahren nicht mehr das gleiche Design. Ich bin untröstlich. Die Platte ist doch in der gleichen Farbe wie der Fußbodenbelag! Trotz Ablauf der Garantie erhalten wir eine neue, andere, nun haltbarere. Bei deren Einbau lassen die Monteure den Kommentar ab: „Was haben wir denn hier für eine alte Umkleidung? Und die Schrauben nehmen wir doch schon lange nicht mehr!" Ja, um Himmels willen, was habe ich denn da für eine altertümliche Küche!?

Kurz vorher lässt sich aber noch Mal der Wasserhahn-Mann sehen, denn der neu eingebaute Hahn leckt schon wieder. Vielleicht lockt den Mann aber auch das Mittagessen. Es ist Punkt Zwölf. Und er langt tüchtig zu. Warum auch nicht. Er kann ja nichts dafür. Ja, wer aber dann?

Es dauert nicht lange, da fliegt der Sprüharm frei im Geschirrspüler herum. Eine Halterung ist entzwei gegangen. Na, das ist ja nun kein Beinbruch. So ein kleines Teil wird's ja wohl im Fachgeschäft geben. Ich gehe frohgemut dahin, nur um vom Geschäftsinhaber hämisch belehrt zu werden: „Ja, das sind sie, die ostasiatischen Fabrikate. So was kauft man ja auch nicht, sondern kommt in unser Fachgeschäft. Ich kann Ihnen da leider nicht helfen. Wenden Sie sich an die Firma, die Ihnen das angedreht hat!" Nun schleiche ich gedemütigt, aber doch irgendwie wütend über den Marktplatz und traue mich schon kaum in das zweite Geschäft. Hier erwartet mich jedoch ein ganz anderer Service: „Na, das ist doch eine Kleinigkeit. In ein paar Tagen haben Sie das Ding. Kostet etwa 13

DM. Dafür brauchen Sie doch nicht gleich einen neuen Spü-
ler zu kaufen!"

Das bekommt man nämlich jetzt öfter zu hören: „Also, bevor
wir das einschicken und reparieren lassen, erhalten Sie schon
fast ein neues Gerät dafür!" An diese Wegwerfgesellschaft haben wir uns einfach noch nicht gewöhnt.

Im Dienste des Kunden

Wenn man bis vor kurzem nämlich etwas repariert haben wollte, dann ging man mit dem mehr oder weniger angeschlagenen
Teil zum VEB Dienstleistungen. Die schauten sich das an und
sagten:"Nun, das kriegen wir schon wieder hin!" Schließlich
muss ich wegen einer durchgescheuerten elektrischen Leitung
vom Bügeleisen nicht gleich ein neues kaufen. Auch die Löcher
in Opas gutem Anzug werden durch Kunststopfen zum Verschwinden gebracht. Jetzt kann ich allenfalls auf den zerfetzten
Hosen der Kinder ein paar Label anbringen, die spätestens bei
der übernächsten Wäsche wieder ab sind.

Hatte der Stabmixer zuviel Mehlstaub abgekriegt, wurde auch
er zu den Dienstleistungsengeln gebracht. Und waren Sie
schon einmal bei einem Repassierer? Na klar! Oder haben Sie
sich dauernd eine gute Strumpfhose für 10 oder sogar 20 Ost-
Mark kaufen können? Die entstandenen Laufmaschen wurden nämlich in einer Repassiererei wieder aufgefangen. Das
war eine Sisyphusarbeit, aber für drei bis vier Mark hatte man
wieder eine Ersatz-Strumpfhose. Jetzt bezahle ich 2 bis 3 DM
und werfe sie bei der kleinsten Masche weg. Schließlich war-
tet in der nächsten Schlecker- oder minitextil-Filiale schon
die nächste.

Bei größeren Geräten wird das schon schwieriger. Also muss
man versuchen, etwaige Mängel schon in der Garantiezeit zu
provozieren. Was man als sorgsamer DDR-Nutzer aber nicht

macht. Bleibt noch, sich mit dem Geschäftsinhaber gut zu stellen und auf Materialfehler zu plädieren. Das liegt dann eben beim Hersteller. Und der ist meist weit weg. Wenn man Glück hat, erhält man dann ein Ersatzgerät. Und freut sich wie ein Schneekönig, denn nun bleibt einem wieder ein Jahr Garantie, wo man ganz sorglos mit dem Gerät umgehen kann. Die Macke zeigt sich sowieso erst im 13. Monat.

August 1998 – 160. Heimatfest und weitere unvergessliche Festbegebenheiten

„Und kommt alljährlich im August
der zweite Sonntag 'gangen,
ergreift die Jess'ner unbewusst
ein Sehnen und Verlangen ...“

Na, wer hegt denn da Hintergedanken? Natürlich freuen wir uns auf unser Schul- und Heimatfest, diesmal ein rundes. Da wird immer besonders viel hergemacht. Überhaupt ist das Heimatfest erst wieder nach der Wende richtig in die Gänge gekommen. Dazu musste erst Mal ein richtiger Verein gegründet werden, der die Geschicke für diese 11 Tage währende Festivität in seine Hände nimmt.
Über Sportwettkämpfe, Kunstausstellungen, spezielle Gottesdienste nähern wir uns so langsam den musikalischen Highlights. Im Festzelt können wir zur Abwechslung mal Monika Hauff und Klaus-Dieter Henkler live erleben. Bernhard Brink schaut sogar zweimal vorbei und erobert die Herzen der schon etwas in die Jahre gekommenen, aber noch unter jung durchgehenden Frauen. Die schwenken dann vor der Bühne ihren Allerwertesten, um den Künstler eventuell auf sich aufmerksam zu machen und dann ihr liebevoll verpacktes Präsent oder Blümchen loszuwerden. Sogar eine ganze MDR-Show findet

einmal auf unserem Marktplatz statt. Die wird meinem Mann noch lange in Erinnerung bleiben, denn am anderen Tag ging es ihm gar nicht gut. Am Auftreten der engagierten Künstler konnte es jedenfalls nicht liegen. Die waren topp.

Zwischenzeitlich wird noch regelmäßig eine Weinprinzessin gekürt. Mal ist sie von der Sparkasse, auch eine Krankenschwester ist dabei. Oder die Chefin vom Reiterhof. Als Weinprinzessin sehen sie alle gleich aus – eben wie eine Prinzessin. Und von Wein müssen auch alle was verstehen. Nicht nur sagen können: Der schmeckt mir. Da wir zu den nördlichsten Weinanbaugebieten Europas zählen, sind fundierte Weinanbaukenntnisse ebenso gefragt wie geschichtliche Belange oder die Frage der Weinkelterei. Die Weinprinzessin macht das mit Links. Deswegen darf sie unser Städtchen dann auch außer (Bundes-)Landes vertreten.

Wem diese Prinzessinnen-Wahl nicht genügt, der findet sich vielleicht zum Volksmusik-Abend ein. Mit Angela Wiedel, Stefanie Hertel oder den Klostertalern. Da geht so richtig die Post ab. Unsere ganz persönliche Begegnung haben wir allerdings mit dem Schauorchester Ungelenk – am Eisstand! Oh, nein! Wir haben da keinen der Herren bekleckert! Vielmehr hat unser Sohn sich dort ein Eis gekauft und will gerade abtreten, da erscheint einer von den „Ungelenk's". Dessen Eis wird allerdings von einer zusätzlichen Waffel gekrönt. „Och!", beschwert sich Sohnemann. „Der kriegt noch eine Waffel und ich nicht!" Er hat kaum den Mund zugemacht, da steckt die Waffel auch schon in seinem Eis. So manches junge Mädchen hätte diese Waffel seinen Lebtag nicht gegessen, um sie sich für immer aufzubewahren. Unser Sohn murmelt nur: „Danke!" und schon ist sie weg.

Für die Jugend steht besonders der „Rummel" im Mittelpunkt. Auf dem Festplatz werden die verrücktesten Attraktionen aufgestellt. Von der Dschungelbahn angefangen, über die Gespensterbahn bis zum Bungeejumping verkehrt herum. Das heißt, man wird zur Abwechslung mal in die Luft geschossen und kann mit verkrampftem Lächeln den unten gebliebenen, feigen Kumpels in die Augen blicken. Mit immer trüber werdendem Blick ... Viel essen sollte man vielleicht vor der Benutzung der zahlreichen kreiselnden, hinunterstürzenden und herumwirbelnden Fahrgeschäfte nicht. Schon aus Rücksichtnahme auf die träge Dahinschlendernden, die nur stehen bleiben, wenn sie wieder mal jemanden zum Tratschen gefunden haben. Die meisten hat man schon seit Monaten nicht gesehen, manche seit einem Jahr – beim letzten Heimatfest. Da gibt's Gesprächsstoff zuhauf.

Vor Jahren sind die Kinder noch artig an der Hand mitgegangen und haben sich von allen brav bewundern lassen: Bist du aber groß geworden! Wir durften sie sogar auf dem Karussell begleiten. Oder an der Losbude, wo es garantiert keine Niete gibt, ein Kuscheltier gewinnen. In einem Jahr waren's gleich zwei – in Lebensgröße! Mit einem Fred Feuerstein, einem Balu und zwei überglücklichen Kindern im und am Arm konnten wir uns dann gerade so bis nach Hause schleppen. Aber die strahlenden Kinderaugen waren's wert.

Damals waren die Karussells ja noch relativ ungefährlich! Aber als dann der „fliegende Teppich" kam! Von unten sah der ja so harmlos aus, dass sogar ich mutig die Initiative ergriff und sagte: Da fahren wir mit. Ja, da hatte ja auch die ältere Betreiberin des Fahrzeuges noch den Steuerknüppel in der Hand. Kaum saßen wir drin, musste diese aber plötzlich einem dringenden Geschäft nachgehen und überließ ihrem jungen Kompagnon „ihr" Geschäft. Der dachte sich wohl: Denen werde ich mal zeigen, was das Ding so hergibt und augenblicklich erhoben wir uns in die Lüfte. Unsere Tochter rutschte immer tiefer unter die Haltestange. Das war ja denn doch zuviel! Ich schrie so laut ich konnte, was bei dem Gedudel aus hundert Lautsprechern nicht leicht war, aus dem „Teppich" heraus: „Halten Sie sofort an. Mein Kind fällt sonst raus!" Das dauerte natürlich eine Weile bei der Geschwindigkeit. Als ich endlich wieder schwankenden Boden unter die noch zittrigeren Beine bekam, war von dem Lausbuben keine Spur zu sehen. Dem war's wohl doch etwas mulmig geworden angesichts dieser wütenden Mutter.

Nun, auch die Oma sollte mal in den Genuss einer rasanten Karussellfahrt kommen. Die Großeltern hatten die Enkelkinder aufs Auge gedrückt bekommen und führten sie ruhig von Eisbude zu Würstchenstand. Der Opa machte sich' s mit Klein – Patricia auf der Bank gemütlich, der Florian schnappte sich die Oma zum „Wellenbahn"-Fahren.

„Ach", sagte die Oma leichtsinnigerweise, „das kenne ich noch von früher. Da fahre ich mit!" Sprach's und freute sich in den ersten paar Runden, die sie vorwärts fuhren. Musste sich schon arg festhalten als sie rückwärts fuhren, und wollte aussteigen, als sie sich im Kreis drehten. Der Lärm im Lautsprecher übertönte jedoch ihren Protest und animierte die Mitfahrenden noch lautstark zum Weitermachen: „Und, wollt Ihr noch mehr?" „Ja!!!" kam es vielstimmig aus den Boxen.

„Nein!!!" kam es einstimmig aus dem immer wilder wirbelnden Wagen. Der Opa verzog die Lippen in spöttischem Grinsen und schleckte genüsslich sein Eis.

In Zukunft nutzen die Kinder die Fahrgeschäfte nur selten. Auch hat sich der Abstand zwischen vorauseilendem Nachwuchs und hinterher schlendernden Eltern proportional zum Alter vergrößert. Bald kommt die Zeit, wo es ganz peinlich wird, mit den Alten auf dem Jahrmarkt gesehen zu werden. Dann benötigt unsere Tochter eine Stunde im Bad, um sich für die Modenschau und das Flanieren zwischen coolen Jungs und vollkommen unwichtigen Karussells zu präparieren. Und das, obwohl es auf dem Platz so gut wie finster ist. Außerdem beginnen die endlosen Diskussionen und das erbitterte Feilschen um jede Minute des Heimkehrens. „Also, halb elf ist ja wohl zu früh. Da kommen doch erst die interessanten Jungs auf den Platz!" Das erinnert mich an meine Schulbälle. Wo ich auch immer zu früh nach Hause gehen musste. Und deshalb keinen abkriegte. Will ich meinem Kind das wirklich antun?

Haben wir uns vom Vorabend alle wieder erholt, dann können wir am Sonntagnachmittag dem Festumzug folgen. Entweder in irgendeinem der unzähligen Umzugsbilder oder als Kindergarten- bzw. Schulanhang. Wer Glück hat, kann auf einem Wagen mitfahren, was bei der Hitze, die meist an diesem Wochenende herrscht, aber auch nicht immer fein ist. Die geeignetste und damit beste Kostümierung ist die einer Wassernixe in der Badewanne eines Sanitärgeschäftes. Ab und an werden auch die am Straßenrand Schmorenden mit Wasser bespritzt oder mit Bier aus dem Pappbecher erfrischt.

Einmal stehen wir als Zuschauer am Rand und die Bahnschranken gehen runter. Der ganze Zug kommt zum Stillstand. Gott sei Dank sind die Erfrischungen noch auf unserer Seite der Gleise. Es gibt Bier und Wein und Fettschnitten und ... Jedenfalls haben wir nach dem Öffnen der Schranke alle eine Hacke weg. Wir taumeln so halbwegs hinaus zum Festplatz und suchen uns dort ein schattiges Plätzchen. Karussell fahren fällt sowieso flach. Oftmals bestaunt auch die gesamte Familie aus Nah und Fern den Umzug. Alle stehen am Rand und warten auf die Bonbons und Luftballons, die in die Menge geworfen werden. Manchmal auch etwas Wertvolleres wie zum Beispiel Hundefutter-Proben.

Um die Oma muss man regelrecht Angst haben, wenn sie sich fast unter die Räder oder zwischen die Pferdeäpfel wirft, um eine Probe zu ergattern. Nur, um dann festzustellen: „Huch, Ihr habt ja gar keinen Hund! Na, dann gebt Ihr's halt der Katze!"

Das Feuerwerk am Abend beschließt die Festivitäten fürs erste und entlockt allen noch mal ein „Ah" und „Oh". Es ist ja dunkel und man kann sich getrost gehen lassen. Vorher hat man sich noch mit Decke und langen Hosen bewaffnet einen Platz am heimischen Elsterufer erkämpft. Zwar ist man dort besonders dem Ansturm der Mücken ausgesetzt, aber man sieht am besten das Feuerwerk und kann nur schlecht erkannt werden, wenn einem das Temperament durchgeht. Und das passiert im Laufe dieser 11 wilden Tage öfter. Bloß gut, dass jetzt erst mal Ruhe einkehrt – bis zum nächsten zweiten Sonntag im August!

1998 – F(ph)antastisch oder Alb(p)traum?

In der Schule konnte ich mit Fug und Recht von mir behaupten, dass ich der deutschen Sprache und Rechtschreibung mächtig war. Die verrücktesten Wörter konnte ich mir schnell einprägen, nur einmal ...

Einmal habe ich bei einem Diktat den Faden verloren. Es ging um das Zelten, jetzt wohl besser unter Campen bekannt. Da sollten irgendwelche Heringe in den Boden geschlagen werden. In meinen Ohren klang das wie Tierquälerei. Ich ließ das Wort aus und wartete auf die Wiederholung. Da, da war es wieder. Wahrscheinlich hatte ich's ja an den Ohren. Diese Tatsache war mir vollkommen unbegreiflich, schließlich war ich noch nie zelten. Die Lehrerin begriff das auch nicht, wo sie doch sonst immer: „0 Fehler" unter meine Diktate schreiben konnte.

In der Studienzeit fungierte ich als Deutsch-Hilfe für unsere ausländischen Kommilitonen. Und jetzt habe ich plötzlich Mühe, meiner Tochter, die gerade in die 3. Klasse gekommen ist, in Deutsch zu folgen. Und das entwickelte sich so:

Schon 1994 kamen einige kluge Leute auf die Idee, die seit 1902 geltende Rechtschreibregelung und alle ergänzenden Verordnungen zu überarbeiten. Mit dem Ziel, die bestehende Rechtschreibung zu vereinfachen sowie Ausnahmen und

Besonderheiten weitestgehend abzuschaffen. So weit ja eine ganz löbliche Absicht. Die Durchsetzung der damals beschlossenen Regelung erfolgt zuerst in den Schulen und staatlichen Verwaltungen. Na, prima. Bei der Tochter geht es gerade noch so, in der 3. Klasse ist man mit der deutschen Rechtschreibung und Grammatik noch nicht so vertraut. Aber unser Sohn in der 6. Klasse bereitet sich gerade auf das Gymnasium vor. Der kann jetzt noch mal von Vorne anfangen. Genauso wie ich. Ich bitte die Lehrerin um etwas Unterstützung. Schließlich muss ich als Elternteil doch der gleichen Sprache mächtig sein wie meine Tochter. Sie besorgt mir eine praktische Drehschablone und einige Textübungen.

Da steht nun zum Beispiel zum Thema „Fürwörter in Briefen" geschrieben: An Verwandte, gute Freunde und Kinder schreibe die Anrede *klein*: du, dir, dich, dein, deine ...; ihr, euch, euer, eure ...

An andere Erwachsene und fremde Personen schreibe die Anrede *groß*: Sie, Ihnen, Ihr, Ihre ...

Das führt dann dazu, dass ich meine Tante mit kleinem „du" anspreche, diese aber nun glaubt, ich zolle ihr nicht mehr den nötigen Respekt. Denn eine Anrede wird nun mal nach „altem" Ermessen groß geschrieben. Oder ich habe das Deutsche verlernt. Ich richte mich nun meist nach dem Empfänger. Wenn der auf dem Laufenden ist, dann bin ich's auch. Wenn nicht – wir haben ja noch bis 31.07.2005 Zeit. Bis dahin werde ich's wohl können.

Manche Wörter sehen nun aber geschrieben reichlich blöd aus. Zum Beispiel das kleine „rau", ehemals „rauh". Es soll nun plötzlich an blau und grau angepasst werden. Oder mein schönes „Portemonnaie" – ich war so stolz darauf, es fehlerfrei schreiben zu können. Jetzt ist doch da ein „Portmonee" draus geworden. Nee! Da schreibe ich doch lieber Geldbörse.

Und die Kommas! Die konnte ich früher nach Gefühl setzen. Die Stimme ging in Gedanken automatisch nach oben. Jetzt kriege ich die Kommasetzung, zum Beispiel bei Infinitivgruppen mit „zu", zwar weitestgehend freigestellt, *aber* wenn Missverständnisse drohen, sollte schon ein Komma hin. Wenn die Missverständnisse aber schon bei mir liegen?

Ich freue mich jedenfalls über jede kleine Errungenschaft auf dem Gebiet der neuen Rechtschreibung. Und wenn alles nichts hilft – es gibt ja noch den Computer und der hat ein Korrekturprogramm. Aber ob der immer weiß, ob ich meine Tante gut kenne oder nicht und wo die Kommas ohne Missverständnisse gesetzt werden?

1999 – Im Banne neuer Gymnasien

Seit der Einschulung unseres Sohnemannes sind schon sechs Jahre vergangen. Mittlerweile ist er in die neue Umstrukturierung des Schulwesens eingebunden worden. Erst mal zwei Jahre Förderstufe, dann Gang aufs Gymnasium. Es ist aber nicht so, dass man die Schüler erst großartig überreden müsste, damit sie sich für diese neu erbaute Schule erwärmen. Schon beim Betreten der mit kargen Steinen ausgelegten Fußböden sind die Kids fasziniert – die Schule sieht wenigstens nicht so stereotyp aus wie die anderen. Die Klassenzimmer zeigen nackte Wand. Keine Tapete verlockt zum Beschmieren. In den Gängen drängen jede Menge Grünpflanzen ans Licht, verbreiten Palmen tropisches Flair, fordern auf, diese Oase zum Ausruhen zu nutzen. Die vielfältigen Fachkabinette, ausgerüstet mit neuester Technik, imponieren den zukünftigen Gymnasiasten: „Mann, das ist ja echt cool hier. Da will ich hin!"

Das Gebäude sieht von oben aus wie ein Ypsilon, hat eine Menge Glas ringsum und einen rot-blauen Anstrich. Alles in allem ist es außergewöhnlich. Da hat unser Bürgermeister gleich nach der Wende gut aufgepasst, denn so eine Chance kommt nie wieder. Es wurde aber auch höchste Zeit, denn eine Zeitlang waren drei Schulen in einem einzigen Gebäude zusammengequetscht! Da wusste keiner mehr, ob er sich nun eigentlich gerade in der Grund-, der Sekundarschule oder im Gymnasium befand. Nun gilt es nur noch, dieses imposante Gebäude ausgiebig zu nutzen und mit Wissen zu füllen. Na dann viel Spaß, mein Junge!

Wenn wir glauben, nur bei uns ist man fähig, etwas Pep in das Schuleinerlei zu bringen, dann haben wir uns mächtig geirrt. Die Wittenberger hauen noch eins drauf! Die kriegen es sogar fertig, einen Weltkünstler für ihre Ideen zu begeistern. Und das ging so: Eine Schule vom Plattenbautyp erschien ihren Bewohnern zu trist und langweilig. Wie man sie denn verändern könne, überlegten sich Schüler und Lehrer. Und lieferten jede Menge Entwürfe. Die sich aber meist in einem Punkt ähnelten – sie bevorzugten die naturbezogene Art von Friedensreich Hundertwasser. Der wurde auch per Post um seine Mitarbeit gebeten und soll versprochen haben: „Ich würde diesen Hühnerstall gern sanieren!" Und lieferte prompt seinen Umbauentwurf – honorarfrei!
Das alles erzählen die Schüler auf ihren Rundgängen den zahlreichen Besuchern natürlich nicht ohne Stolz. Auch von den „Marotten" des Künstlers, der den Bau per Videokamera in seinem damaligen Domizil überwachte, berichten sie. Ihm entging kein Detail und so manches Mal war noch eine Veränderung fällig. Oftmals zum Leidwesen der Bauleute, von denen einer gesagt haben soll: „Die schönen Fliesen zerhaue ich nicht, bloß um die Fenster damit einzufassen. Das tut mir in der Seele weh!" Den Besucher stört es nicht, dass der übliche Farbanstrich mit Keramik-Fliesen aufgewertet wird. Oder auf dem Schulhof die Füße plötzlich schief stehen. Das ist gewollt. Die abgerundeten Ecken am Obergeschoss, bunte Türmchen und Kuppeln – alles hat seinen Reiz. Bäume wachsen aus Klassenzimmern und Grünpflanzen bewuchern die Dachterrasse.

Dürsten auch manchmal ein bisschen vor sich hin. Aber auch das hat seine Bewandtnis: Der Künstler war ein Verfechter der Spontanvegetation – was wachsen will, das wächst eben. Lasst der Natur doch ihren Lauf. Da haben wir als „normale" Nutzer wahrscheinlich noch Nachholbedarf im Verständnis dieser Ideen. *Wir* greifen einfach zur Gießkanne.

Erhalten wir jetzt Besuch, machen wir nicht nur den historischen Stadtkern von Wittenberg unsicher, sondern pilgern auch zur „Hundertwasser"-Schule. Das ist absolutes Muss.

Die Besucher sind restlos begeistert und wenn sie dann fasziniert zum Fotoapparat greifen, rufen wir ihnen zu: „Und lasst noch ein Foto übrig für unser Gymnasium! Das ist auch schön!"

2000 – Bin ich drin?

Seit fünf Jahren schlage ich mich nun auf meiner Gelegenheitsarbeitsstelle mit den Macken des dortigen Computers herum. Irgendwie habe ich den Eindruck, dass dessen Software auf keinen Fall zum Nutzen des Bedieners entwickelt wird, sondern, um den Computerfachleuten einen sicheren Arbeitsplatz zu verschaffen. Die schwirren nämlich schon wie hauseigenes Personal im Betrieb herum. Am besten verlässt man dann sang- und klanglos seinen Arbeitsplatz, sonst gerät man in einen so fachlich angelegten Disput, dem man sowieso nicht gewachsen ist. Zumal ich ja oftmals erst nach Monaten wieder mit dem Problem konfrontiert werde und dann krampfhaft nach der Merkhilfe in Form eines briefmarkengroßen Zettels suche, auf dem steht, wie ich mich bei diesem oder jenem kleinen Aussetzer verhalten soll.

Trotzdem können wir auch zu Hause dem Drang der Jugend, endlich auf der Höhe der Zeit zu sein, nicht länger widerstehen. „Alle haben schon einen Computer auf ihrem Schreibtisch. Nur *wir* nicht. Wie soll ich denn dann die Hausaufgaben in Informatik machen? Wollt ihr, dass ich in dem Fach eine schlechte Note kriege?" Selbstverständlich nicht! Aber der Computer bleibt auf alle Fälle auf meinem Schreibtisch! Sonst gibt es doch Mord und Totschlag. Denn auch das Töchterlein, obwohl erst süße 10, wird einmal groß.

Zum Kauf des kostbaren Gerätes wird Sohnemann mitgenommen, denn er scheint zumindest einen Teil dessen zu verstehen, was der Fachmann uns angeblich idiotensicher erklärt. Es muss noch eine Stufe in der Hierarchie über dem Idioten kommen und zu der zählen mein Mann und ich. Natürlich lasse ich mir das im Geschäft nicht anmerken. Frauen werden ja schon von vornherein ins technische Abseits gestellt, da muss ich doch nicht den lebenden Beweis dafür abliefern. Also nicke ich verständnisinnig vor mich hin: Natürlich, ist ja nichts Neues, alles schon gehört. „Wir entscheiden uns für Windows 98, das 2000er ist noch zu neu. Das soll sich erst mal die Hörner abstoßen. „Der Fachmann nickt bekräftigend. Das ist wie ein innerer Vorbeimarsch. Ich bin direkt ein wenig stolz auf mich. Das eigentliche Gerät wird noch ergänzt durch einen Scanner, den wir wahrscheinlich nie brauchen werden und eine Software für die Schule. Damit erschöpft sich allerdings der schulische Gebrauch des Computers für die nächste Zeit. Denn Sohni hat schon massenhaft Spiele auf Lager, die nun bis zur völligen Erschöpfung der Hardware abgespielt werden. Der Gameboy liegt verwaist in der Ecke, irgendwann wird er großmütig an die kleinere Schwester abgetreten. Die spitzt aber schon Augen und Ohren und beobachtet ihren Bruder mit interessierten Blicken. Der scheucht sie zur Abwechslung mal nicht weg, sondern erklärt ihr fachmännisch das eine oder andere. Allerdings ohne sein neu erworbenes Lenkrad aus der Hand zu lassen, an dem er eifrig kurbelt, um den Flugzeugen auf dem Bildschirm auszuweichen. Nachdem das zweimal den Geist aufgegeben hat, wird es durch einen Schaltknüppel ersetzt. Und ein neues Spiel.

Ich habe nun immer geglaubt, unsere Tochter tritt in meine Fußstapfen. Von Natur aus ein technisches Embryo, kaum vertraut mit der Fernbedienung des Fernsehers, dafür aber ein fanatischer Bibliotheksbesucher – so habe ich meine Tochter eingeschätzt. Doch plötzlich nutzt sie einen unbeobachteten Moment und schmuggelt sich auf den Stuhl vorm Computer. Kriegt das Ding auch tatsächlich zum Laufen und nutzt erst Mal die Spiele, die in dem Gerät schon drin sind. Die sind nicht eben fein. Eine junge Frau versucht, durch ein Labyrinth zu gelangen. Dabei hat sie natürlich sehr viele Schwierigkeiten zu überwinden – Wasserfälle, Felsen u.ä. Tritt sie zu oft fehl und stürzt ab, ereilt sie ein früher Tod. Schafft sie es bis zum Schluss, erwartet sie so ein komischer Knilch. Also wirklich nicht das Wahre. Neue Software wird angefordert und diesmal wird's interessant: „SIMS – Das volle Leben". Hier kann man sich seine Familie selber zusammenbasteln. Vater, Mutter, Kind – ja, auch Küssen wird vorgetäuscht. Die gehen ins Badezimmer, um zu duschen, werden mit einer Luxuslimousine zur Arbeit abgeholt, empfangen Freunde. Manchmal stirbt auch einer. Das ist dann Pech. Man kann aber auch reich werden. Und wie wird man das? Klar doch – man muss Pluspunkte sammeln. Indem man anderen Menschen hilft, fleißig ist und eine Menge Freunde um sich schart. Wie im prallen Leben eben. Als auch die zweite Version des Spiels uninteressant wird, hat der Bruder schon ordentlich vorgebaut. Und die Eltern überzeugt, dass es nun Zeit wird, „online" zu gehen.

Denn die Wissensenzyklopädie sei nur unzureichend und die strengen Lehrer schrauben ihre Ansprüche an die armen Schüler ja immer höher. Dem müsse er doch entsprechen!? Und wir schaffen es tatsächlich, online zu gehen. Wenn man den Werbespot mit Boris Becker betrachtet – viel intelligenter sah der auch nicht aus, als er den Dreh endlich raus hatte. Uns hat wenigstens keiner dabei gefilmt!

Sohnemann braucht das Internet eigentlich nur zum Surfen. Mal gucken, was die Fußballer so machen, sind die immer noch am Absteigen? Auch wird mal was bestellt, was keiner kennt und keiner weiß. Und plötzlich steht die Postfrau vor der Tür und kassiert die Mama tüchtig ab. Wenn der Betrag nicht schon klammheimlich von Papas Konto abgebucht wurde. So hat man immer seine Überraschungen. Aber die größte Überraschung ist – unsere Tochter zeigt sich vom Internet ganz begeistert. Im Chat kann man ja so viiiele Leute treffen. In der Schule sind zwar auch ca. 800 Schüler, aber da beschränkt sich die Kommunikation ja auf das Minimalste: „Hi!", „In welchen Raum müssen wir dann?", „Bis morgen!" Aber im Internet geben sich die braven und unscheinbaren Mitschüler erst Mal eine ganz andere Identität. Aus Michael wird megadragon, die süße Karo nennt sich sexygirl 4 und unsere Tochter? Das wird nicht verraten! Hier ist alles inkognito und das macht ja den Reiz aus. Auf meine Frage, wie sich ihr Chat eigentlich nennt, erhalte ich die Antwort: „Mal so, mal so." Man kann sich in der „Sofa-Ecke" niederlassen, in den „Darkroom" (Vorsicht, hier werden trübe Gedanken gewälzt!) oder ins „Dreamland" gehen. Ich gehöre natürlich in „Over 40". War aber noch nie da. Klingt irgendwie zu alt.

Und wer's ganz gemütlich haben will und nur bestimmte Leute in seine Gedankenwelt einlassen möchte, der sucht sich ein Separee – genannt „Sep". Dort ist man geschützt vor unliebsamen Zuhörern. Dass sich im Chat so ohne weiteres Leute aus Hamburg, Köln oder Wittenberg zum gemeinsamen Schwätzchen treffen können, finde ich schon cool. Und die verstehen sich sogar. Denn einer gewissen „Chat-Sprache" sollte man schon mächtig sein. Hier wird oft die Kleinschreibung bevorzugt, was schon mal nicht schlecht ist, auch verschiedene Wörter sind drastisch abgekürzt. Begrüßt wird mit: „Hi, m oder w?", was bedeutet: Bist du männlich oder weiblich? Egal, wir werden schon klar kommen! „re" bedeutet dagegen: Ich bin zurück. Wenn man gerade mal für zwei Stunden essen war und der Computer auf Kosten der elterlichen Brieftasche weiter online lief. Außerdem steht „widda" für wieder, „aba" für aber, „dasse" bedeutet „dass du" und „net" nicht. Und manchmal frage ich mich, ob das verpönte Sächsisch nicht doch auch Einzug gehalten hat in die „Chat-Sprache". Wenn ich zum Beispiel die Frage lese: „Seit ihr ma ferdsch?" Allerdings ausgesprochen von einem aus NRW. Über verschiedene *lol*- und *g*-Typen will ich mich gar nicht auslassen, denn das verstehen sowieso nur die Insider. Also ich auf keinen Fall.

Mein erster Versuch, über Internet eine E-Mail zu versenden, scheitert bereits am Eintragen der eigenen E-Mail-Adresse. Denn dieses doofe @ will einfach nicht erscheinen. Meine Hand hängt wie schwerelos über den drei voraussichtlich zu benutzenden Tasten und traut sich nicht runterzudrücken. Ich warte bis der erste Computer-Fachmann aus der Schule kommt. Nur, um dann mit einem resignierten Blick aus den Augen meiner Tochter, noch begleitet von einem tiefen Seufzer der Verzweiflung, bedacht zu werden: „Ach, Mama! Du wirst das wohl nie lernen. Du bist ein aussichtsloser Fall!" Bin ich auch.

2001 – Türkische Riviera

Von unseren Auslandsurlauben ist mir dieser am nachhaltigsten im Gedächtnis geblieben. Obwohl nicht als Abenteuerurlaub gebucht, hatten wir doch eine Woche lang Action pur. Wir fahren also dieses Jahr an die Riviera – das klingt schon ganz mondän. Riviera – um das auszukosten, muss es ja nicht gleich die französische sein – die türkische genügt da voll und ganz. Im Reisebüro wird gleich die gesamte Reise gebucht mit interessantem Programm und schnuckeligem Reiseleiter.

Die Hotels sollen auch gehobenes Niveau haben. Na, dann kann ja nichts mehr schief gehen! Dass der Charterflug von einer türkischen Fluggesellschaft übernommen wird, macht uns nicht bange. Wir sind schließlich schon mit russischen Maschinen unterwegs gewesen und das auf Inlandflügen!

Unser Sohn betrachtet misstrauisch die wie verklebt aussehenden Flügel. Natürlich muss er diese Beobachtung sogleich und ohne Pardon seiner bereits mit verkrampften Händen dasitzenden Schwester mitteilen: „ Guck mal da raus. Das Pflaster hält nicht lange, das sag' ich dir." Das gibt unserer Tochter noch den letzten Rest. Die Tränen stehen schon am Start, genau wie in Kürze die Maschine. Der Flugkapitän schreitet noch mal durch die Reihen und betrachtet seine Schützlinge. Mit seiner übergroßen Sonnenbrille und dem betont legeren Auftreten mutet er wie ein Mafiosi an. Aber ach, egal, wir fliegen jetzt an die Riviera.

Im Flugzeug herrscht reges Treiben. Irgendeiner bringt immer was. Nach der Belehrung für den Notfall wird zum Anschnallen aufgefordert und als wir uns endlich wieder abschnallen dürfen, gibt's gleich was zu essen. Hat man nicht zwischendurch den Absprung auf die Toilette geschafft, wird es schwierig. Deshalb stürzen sich gleich mehrere Frauen gleichzeitig auf die leider immer offen stehende Tür. Aber die helfen sich wenigstens kameradschaftlich und halten gegenseitig die Tür zu. Nicht so die Männer. Hartherzig betrachten sie ihre Leidensgenossen, wie die beim Geschäft gleichzeitig mit einer Hand nach der Tür hangeln und mit der anderen, na ja, – festhalten.

Trotzdem haben wir einen Topp-Flug und werden auf dem Flugplatz von einem gutaussehenden Reiseleiter begrüßt. Das veranlasst die Damen, die sich zumeist in mittleren Jahren befinden, einen euphorischen Seufzer auszustoßen.

Der junge Mann versteht es auch hervorragend, dem heiß interessierten Publikum die Schönheiten, aber auch Probleme seines Landes darzustellen. Zuallererst macht er uns jedoch mit der Hiobsbotschaft bekannt, dass unsere Hotels nicht unbedingt die sind, die wir gebucht haben. Uns schwant nichts Gutes. Schon die Gegend um den Flugplatz sieht nicht verheißungsvoll aus. Die Kinder staunen auch über die offenkundige Armut in diesem Land. Und erst der Hausbau! Werden die Häuser nun gerade aufgebaut oder schon wieder abgerissen? So klar ersichtlich ist das für uns als akribische Häuslebauer nicht. Oben schaut einfach noch der Stahlträger heraus, damit das Haus zu gegebener Zeit beliebig weit nach himmelwärts fortgesetzt werden kann.

Endlich im ungeplanten Hotel angekommen, staunen wir nicht schlecht. Das Ding ist echt „first class". Die Saison ist noch nicht angebrochen und wir haben Service und Ruhe fast für uns allein. Nach einer Weile kommt uns dieser Luxus doch etwas suspekt vor. Unser Sohn meint: „Das können wir uns doch gar nicht leisten!" Könnten wir auch nicht, wenn ich so die Zimmerpreise an der Rezeption betrachte. Aber es ist ja Gott sei Dank schon alles bezahlt. Auch das Bidet, das besonders den Männern (?) Spaß bereitet. Und die Musik, die auf Knopfdruck ertönt, wenn man den richtigen Schalter neben der Toilette bedient. Und die diversen Duftwässerchen, die im Bad bereitliegen. Fehlt bloß noch der Masseur! Wo bleibt der Masseur?

Schlüpfrige Angelegenheit

Der kommt natürlich auch – aber nicht für umsonst. Unter den unzähligen Angeboten unseres Luxushotels wie Pool (warm!), Fitness oder Sauna zeigen wir gerade an der Dienstleistung Interesse, die nicht im Preis inbegriffen ist. Von einer jungen Frau im Vorbeigehen auf Englisch angesprochen, ob uns eine Ganzkörpermassage nicht gut tun würde – kein Wunder, wir schieben uns ja auch nur mühsam vorwärts – reagiert meine Bekannte gleich ganz begeistert: „Ah ja, das habe ich schon mal machen lassen. Das ist prima! Komm mit, du wirst ein Wunder erleben!"

Das muss aber schon ein besonderes Wunder sein, so viel, wie das kosten soll: 50,- DM pro Person und halbe Stunde. Wir versuchen nun einen Deal, dass wir bei gleichzeitiger Behandlung unserer Superbodies nur 45,- DM zu bezahlen brauchen. Wiederum auf Englisch.

Kurz vor der Massagetür muntert mich meine Bekannte, die Erfahrene, noch schnell auf: „Und dabei musst du dich nackig ausziehen!" Na, prüde sind wir nicht. Da sehe ich keine Probleme. Wir gehen also nach Nutzung des warmen Pools mit je einem durchtrainierten, kleinen Masseur in unsere Kabinen. Mein Mann belegt mit den Kindern die Sauna nebenan. In der Luxuskabine befinden sich also eine Liege, ein Schränkchen mit nichts als einer Riesenflasche Massageöl drauf, der feurige Masseur und ich – die Bedürftige. Es entwickelt sich nun folgende Unterhaltung:

„What's your name, please?"

„My name is Angelika!"

„Angelika! Oh, what a wonderful name!"

Na, so wundervoll finde ich ihn auch wieder nicht. Bei Erna oder Wilhelmine hätte er diese Begeisterung sicher auch in seine Stimme gelegt. Alles fürs Geschäft. Ich frage ihn nun doch etwas verschämt, ob ich meinen Slip ausziehen soll.

„Oh, no problem!", kommt die prompte Antwort. Ja, was denn nun: Ist es kein Problem, wenn ich ihn anlasse oder wenn ich ihn ausziehe? Ich entscheide mich für letzteres. Dann packe ich mich schnell auf den Bauch. Umsonst. Er bedeutet mir, dass ich mich umdrehen soll und schlingt ein knappes Handtuch um meine Problemzone – die heute irgendwie größer ist als sonst. Außerdem verschwindet in der nächsten Sekunde die halbe Flasche Massageöl zwischen seinen Händen. Ha, nun werden wir die Dame mal tüchtig durchkneten! Ich versuche die Behandlung zu genießen und die Stöhnlaute zu überhören, die nach fünf Minuten anstrengenden, schnellen Massierens über seine Lippen kommen. Außerdem tropfen mir jetzt ab und an seine Schweißperlen ins Gesicht.

Da ertönt nebenan ein erschreckter Schrei. Aber nicht von meiner Bekannten. Bei der ist es auffallend still. Es kommt eher aus Richtung der Sauna. Mein Mann hat den „Erfrischungsstrahl" von der Dusche mit einem „Huh-huh"-Schrei zu kompensieren versucht. Ich versuche das meinem Masseur zu erklären, der sich gerade auf meine Unterleibszone zu knetet: „This is my husband!" Damit er nicht auf dumme Gedanken kommt. Der reagiert aber total unerwartet: Er reißt die Türe zur Sauna auf und brüllt hinein, ob denn mal Ruhe eintreten könne, er habe eine Kundin zu behandeln, die muss sich entspannen! Wumm, die Türe wieder zu und einmal Wenden bitte! Die andere halbe Flasche läuft jetzt meinen Rücken hinunter. Soo unangenehm ist das gar nicht. Allerdings habe ich nicht beachtet, dass zu einer Ganzkörpermassage auch der Kopf gehört. Den nimmt er sich nun tüchtig vor. Ich komme nicht zum Protestieren, als mein Kopf nach hinten gerissen und schön voller Öl bekleistert wird. Da hätte ich mir weiß Gott den Friseurbesuch vor zwei Tagen sparen können – frisch Tönen und Legen für 70,- DM. Seine Hände sind am Schluss voller Haare, mein Kopf voller Öl. Ich sehe aus wie frisch aus der Sardinenbüchse gestiegen.

Meine Bekannte sieht aber genauso aus. Sie wirkt zudem noch ganz zerschunden, als wir uns draußen wieder treffen. Mir tut wenigstens nichts weh, jedenfalls nichts, was nicht vorher auch schon wehgetan hätte. Uns wird erklärt, dass unsere Problemzonen unbedingt noch mal behandelt werden müssten, sonst bringt das nichts. Fragen Sie mal eine Frau frisch nach der Entbindung, wann sie ihr nächstes Kind haben will! Wir wiegeln ab, alles auf Englisch, mit wenig Erfolg. Auch von unserem Deal, dass wir doch nur 45,- DM zu zahlen brauchten, weiß natürlich keiner mehr was.

Im Bad brauche ich anschließend eine gute Stunde, um das Öl einigermaßen aus meiner ehemals ansprechenden Frisur zu waschen. Trotzdem fehlen später die Sprungkraft und der Glanz. Nach solchermaßen umfangreichen Renovierungsmaßnahmen sind wir uns trotzdem einig: *Das* Erlebnis war's wert!

Vom fliegenden Teppich und anderen Kostbarkeiten

Ein Zwei-Tages-Ausflug mit dem Bus führt uns ins schöne Taurusgebirge und dabei nach Pamukkale zu den Kalksinterterrassen. Je höher wir kommen, umso karger wird die Landschaft und desto steiler führen die Schluchten nach unten. Wer nicht schwindelfrei ist, sollte den Blick lieber nach der anderen Seite wenden. Mitten in der Einöde hält der Bus plötzlich an und wir werden zu einem Imbiss in ein Bistro gebeten. Die Frauen müssen natürlich erst woanders hin. Da haben wir ja schon unsere Überraschungen erlebt. Ein Loch im Fußboden und wenn man Glück hat, noch einen Griff an der Wand. Hier ist alles vom Feinsten. Nicht nur, dass es ein Klo zum Sitzen ist. Nein, nach dem Geschäft werden jeder Frau die Hände mit parfümiertem Wasser gewaschen und anschließend abgetrocknet. Vom Toilettenvorsteher höchstpersönlich! Immer mehr Frauen finden sich ein, nur um sich mal von einem Mann die Hände, zwar nicht gerade küssen, aber wenigstens waschen zu lassen. Und das in einem Land, wo die Frau vom Manne nicht gerade auf Händen getragen wird.

Bei den Kalkterassen angekommen, werden wir eingewiesen, bis wohin wir uns bewegen dürfen. Der Tourismus ist auch hier schon dabei, dieses Kleinod der Natur zu zerstören. Dort nämlich, wo der Kalk nicht mehr vom Wasser befeuchtet wird, verliert er seine schöne, leuchtend weiße Farbe.

Der Reiseleiter warnt uns, dass unser hiesiges Hotel nicht dem Standard an der Küste entspricht. Wir sind trotzdem wohlgemut. Schließlich gibt es vorher noch ein schönes, heißes Schwefelbad. Das aber erst in Gang gebracht werden muss. Also wird die Quelle erst einmal ordentlich angeheizt. Wer sich dabei zu nah an deren Mittelpunkt setzt, läuft später zum Abendbrot mit verbranntem Hinterteil herum. Aber was soll's. Das Wasser soll ja heilsam sein.

Am Abend steht ein landestypischer Bauchtanz auf dem Programm. Wir eilen hin, um noch einen guten Platz zu ergattern. Von der eigentlichen Bauchtänzerin bekommen wir allerdings nicht all zu viel geboten. Die holt sich Unterstützung aus dem Publikum. Und verschwindet nach ein paar Minuten ganz offiziell hinter der Bühne, just in dem Moment als alle Zuschauer ihre Weinflaschen vor die Nase gestellt bekommen. Nun sitzen wir fest. Stattdessen baut eine Balalaika-Truppe ihre Utensilien auf der Bühne auf. Meine Bekannte prophezeit mit einem Augenzwinkern: „Jetzt spielen die 'Kalinka', pass mal auf!" Nun, diese Musikrichtung kennen wir ja zur Genüge. Aber hier im Türkei-Urlaub?

Am nächsten Morgen erwartet uns ein echtes Highlight – die Besichtigung einer Teppichknüpferei. Der Reiseleiter klärt uns auf, dass es in der Türkei eigentlich nur sehr wenige „echte" Türken gibt. Er sei zum Beispiel keiner, sondern hätte einen russischen Einschlag. Der Chef des Betriebes aber ist unübersehbar einer. Groß, kräftig, mit schwarzem Schnauzer und einer dröhnenden, hochdeutschen Stimme begrüßt er uns in seinem Reich. Man kann ihn sich auch gut mit einem Säbel in der Hand vorstellen. Dem Mann wagt keiner zu widersprechen. Die Frauen sowieso schon nicht. Die knüpfen den ganzen Tag an ihren wunderschönen Teppichen, wobei die aus Seide die mühseligste Arbeit beanspruchen. In Anbetracht dieser Wunderwerke erscheint mir meine allwinterliche Stickarbeit zu Hause wie Pfuscherei. Die Männer wieseln diensteifrig um das Oberhaupt herum und warten auf weitere

Marschbefehle. Die auch bald kommen. Denn nun geht's ums Geschäft. Wir werden als Reisegruppe in einen Raum gebeten und mit Apfeltee und anderen landesüblichen Getränken bewirtet. So weit, so gut. Dabei wird uns eine kleine Auswahl von ca. 20 Teppichen präsentiert, um die Geschmacksnerven ein wenig neugierig zu machen.

Erst dann werden die solchermaßen aufgeweichten Besucher in getrennte Räumlichkeiten geführt. Und hier geht's dann richtig los. Selbst die Kinder, die eine Betriebsbesichtigung mit anschließendem Geschäft unter deutschen Verhältnissen nicht gerade als „cool" bezeichnen würden, sind fasziniert. Zwei eifrige Teppichträger schleppen unaufhörlich neue, atemberaubende Exemplare der Teppichkunst heran. Man könnte meinen, die Lagerbestände seien unerschöpflich. Stück um Stück erscheint wie schwebend vor unseren staunenden Augen. Dieses Feuerwerk an Farben und Mustern kommentiert ein mit allen Wassern gewaschener, ein berlinerisches Deutsch sprechender, türkischer Manager. Und dazu gibt es weiter Apfeltee bis zum Überlaufen.

Irgendwann beginnt es vor unseren Augen zu flimmern und wir treten in die heiße Phase ein – das Feilschen. Einen Teppich wollten wir ja sowieso, aber der hier hat zuviel Rot. Der eine ist zu groß, jener zu dunkel. Teuer sind sie alle – dafür aber handgeknüpft. Es ist eine Qual.

Die Teppichträger sind mittlerweile schweißgebadet, lächeln aber immer noch. Allgemeines Aufatmen – wir haben uns entschieden. Unsere Tochter wird zwecks späterer Identifikation des Teppichs auf diesen gesetzt und so fotografiert. Zumindest haben wir die Gewissheit – *ihr* steht die Farbe gut.

Nach einigen Wochen kommt das gute Stück unversehrt zu Hause an. Und lässt uns zu der Erkenntnis kommen, die Polstergarnitur könnte in den nächsten Jahren mal ausgewechselt werden, sie passt nicht so recht zum Teppich.

Unsere Bekannten erscheinen übrigens nach zwei Stunden individueller Verkaufsberatung *ohne* Teppich. Pfui, schämt euch!

Da wir diese unverwechselbare Strategie des Handelns so sehr genossen haben, werden wir ihr gleich noch Mal ausgesetzt – in einem Schmuckpalast. Wir werden schon beim Eintritt ins Foyer geblendet von der Ausstattung des Gebäudes. Dieses Funkeln der Steine und das Blitzen des Goldes ringsum verfehlt natürlich seine Wirkung auf die Betrachter nicht. Besonders wir Ossis, die wir jahrelang nach echtem Schmuck gelechzt haben und unsere Gier höchstens beim Besuch in der Sowjetunion befriedigen konnten, sind willige Opfer für die Verkäufer. Hier gibt es alles, was man sich an Ohr-, Hals-, Finger-, Arm- und Beinschmuck nur vorstellen kann. Jeder kriegt für seine Schwachstelle ein edles Metallstück verpasst, damit er keine Schwachstelle mehr hat. Ich habe noch nie so edlen und wertvollen Schmuck an meinem Hals getragen und werde es wohl auch nie wieder. Natürlich wird man zuerst wieder in ein eigens dafür hergerichtetes Separee geführt. Es folgt die übliche Zeremonie – der Tee, die perfekt aussehende und akzentfrei sprechende Verkaufsdame, die höfliche, aufgelockerte Atmosphäre.

Dann legt sich wie von Zauberhand ein hübsch aussehendes, nur leicht blinkendes Goldkettchen um meinen schon spröder werdenden Hals. Ich bin begeistert, das edle Stück gibt gleich der ganzen Person ein größeres Format. Ich bewundere mich, die Dame beglückwünscht sich dazu, mir diese Freude bereitet zu haben. Nur mein Mann, ganz der nüchterne, finanzbewusste Typ, muss natürlich in diese entspannte, verzückte Stimmung hinein platzen: „Und wie viel kostet der Spaß?"

„Nun, Sie haben hier etwas ganz Besonderes. Sehen Sie die eingearbeiteten kleinen Brillianten? Für Sie – 13 000 DM!" Mein Hals schrumpft wieder auf seine ursprüngliche Größe und offenbart die vorher da gewesenen Falten. Die Kette hat aber ihre „Brillies" gut versteckt! Wie habe ich die nur übersehen können? Ich erfreue mich noch ein kleines Weilchen an ihrem Blinken, dann lasse ich sie weinenden Auges, aber tapferen Herzens wieder in die Hände der Dame zurückgleiten. Sicher wird sie noch ihren Hals finden, um den sie sich schmiegen kann. Und einen finanzkräftigen Liebhaber, der sie bezahlt.

Anrüchige Verschlusssache

Nun wollen wir doch einmal einen Abend an der Bar verbringen. Das sind wir unserem Wohlbefinden einfach schuldig. Schließlich ist Urlaub.

Während wir entschlossenen, beschwingten Schrittes in Richtung des Barbetriebes eilen, überkommt mich plötzlich heftiger Bauchschmerz. Na klar, einmal im Urlaub muss das ja sein! Nun schnell aufs Zimmer, um dem Übel abzuhelfen. Die beiden Mädels (unsere Tochter und ihre Freundin) kommen auch mit. In ihrem Alter übt ein Barbesuch noch nicht diese Faszination aus wie in späteren Jahren. Sie nutzen lieber die günstige Gelegenheit des Alleinseins, um ihre Mädchengeheimnisse auszutauschen. Wenn ich nur endlich wieder weg wäre. Das dauert aber diesmal länger. Und langsam wird es auch stickig im Zimmer. Die Mädels reißen nur die Balkontür auf und plaudern weiter. Nach weiteren 10 Minuten klopft es vernehmlich an der Tür: „Wie weit bist du? Wir sind schon wieder zurück. Bei diesen Preisen können wir ja die restliche Woche nichts mehr unternehmen – eine Flasche „Henckel trocken" für 300,- DM! Die einheimischen Weine sind da billiger. Kommst du mit in den Speisesaal?" Antwort auf die erste Frage: Ja, ich bin fertig. Antwort auf die letzte: Nein, ich kann nicht mitkommen. Meine Zimmertür geht nämlich nicht auf. Sie scheint sich durch den anhaltenden, schwefeldioxidähnlichen Geruch verzogen zu haben. Mein Mann wird ungehalten, wie kann denn die Tür ohne ungeschicktes Gewerkel meinerseits plötzlich nicht mehr aufgehen?

Ich versuche es mit der Zimmerkarte. Da geht aber prompt das Licht aus. Die Mädels kreischen. Ich auch. Sie sollen bloß still sein! Aber die finden das noch spannend! Sind wir eben eingeschlossen – was soll's?

Nun versuche ich telefonisch der Sache Herr zu werden. Natürlich werde ich wieder auf Englisch angesprochen und muss nun auch in dieser Sprache den Sachverhalt erklären. Also setze ich den amüsierten Herrn an der Rezeption in einfachen Worten über mein Missgeschick ins Bild: „I´m in the room number ... and my husband is out of the door ...“ usw. Für den Mann stellt das kein Problem dar. Was ist schon dabei, wenn einer im Zimmer ist und einer draußen? Da kann man sich wenigstens nicht in die Haare kriegen!

Nach 15 Minuten ergebnisloser Kommunikation ereilt den Herrn ein Geistesblitz: „Warten Sie mal! Ich hole jetzt einen, der Deutsch spricht.“

Dieser Mann ist aber noch nicht der Monteur. Der kommt auch innerhalb der nächsten Stunde nicht. Mein Mann nimmt es nun auf sich, selbst an der Rezeption vorzusprechen. Schließlich ist für morgen früh eine Tour geplant und da wollte ich eigentlich mit. Er kommt mit der viel versprechenden Antwort zurück: „Kein Problem. Es ist jemand auf dem Weg!“ Wir unterhalten uns nun über den Balkon, der im dritten Stock liegt. Nach einer weiteren Stunde – es ist nach wie vor dunkel im Zimmer – springt plötzlich ein wildfremder Mann über den Balkon. Wir drei Weiber kreischen wieder. „Hallo, kein Problem!“ Völlig problemlos informiert sich der so spontan Eingedrungene über den Sachverhalt. Er sei allerdings der Klempner fürs Sanitäre. Der Schlosser ist noch unterwegs. Völlig überrascht stellt er fest, dass die Tür nicht aufgeht. Aber wozu hetzen, die Nacht ist ja noch lang.

Ich geniere mich ein bisschen, denn im Zimmer hängt immer noch ein Geruch von, na ja, eben nicht so duftig. Aber die Tatsache, dass nun einmal ein Klempner da ist, bringt mich

auf eine Idee. Wir entfernen die Zimmerkarte nunmehr aus der Tür, wo sie sowieso wertlos herumhängt und stecken sie wieder ins Licht. Jetzt kann ich dem Monteur zeigen, wo unser Waschbecken leckt. Wenn ich mir nämlich Gesicht und Hände wasche, sind jedes Mal die Füße mit nass. So wird das gleich geklärt. Mittlerweile (es ist ungefähr Mitternacht) kommt beschwingten Schrittes der eigentliche Fachmann: „Ah ja! Kein Problem! Immer das gleiche Zimmer. Das kennen wir schon."
Zwei Tage später ereilt mich das gleiche Schicksal, aber diesmal andersherum. Ich komme nicht in das Zimmer hinein. Die anderen packen schon ihre Badesachen, mich packt die Wut. Das kann doch nicht wahr sein! Diesmal geht die Öffnung innerhalb von zwei Stunden über die Bühne. Ich kann also vor Sonnenuntergang noch schnell ins Wasser. Und was passiert danach, wenn wir mitten in der Nacht abreisen müssen? Muss ich dann hier bleiben?
Ich fasse einen Entschluss: Diese Türe bleibt offen! Die ganze Nacht, nur mit einem Koffer verstellt. Natürlich habe ich keine ruhige Minute, denn auf dem Gang ist immer Action. Aber diese Art von Action betrifft *nicht mich.*

2002 – Euro = Teuro!!!

Warum hat uns nur keiner vor dem Euro gewarnt! So wie es vor der Jahrtausendwende passiert ist. Als alle Welt Angst hatte, dass die Rechner dieses bedeutende Ereignis verschlafen und danach unsere ganze computergesteuerte Welt in Scherben liegt. Unser Silvesterbesuch bat uns darum, genügend Kerzen bereitzuhalten, falls Stromausfall eintritt und die Badewanne ordentlich zu füllen, um einem Wassernotstand zu begegnen. Solchermaßen gerüstet saßen wir alle um 0 Uhr im nun 21. Jahrtausend und freuten uns über das Ausbleiben all dieser prophezeiten Probleme. Auf die Technik kann man sich also doch verlassen!

Und auf das Versprechen, dass die Währungsumstellung von DM auf Euro zu keiner Verteuerung unseres Lebens führt? Phh! Wer soll dieses Versprechen gegeben haben und wieso haben wir's geglaubt? Selber schuld!

Erst einmal werden wir seit dem 17. Dezember 2001 schön langsam an das neues Geld gewöhnt. Die so genannten „Starter-Kits" gehen reißend weg. Deren Inhalt, 10,23 Euro (entsprechend 20 DM), ist in 20 Geldstücken angelegt und damit schön schwer. Dass der Euro uns auch in Zukunft schwer im Magen liegen wird, ahnen wir da noch nicht. Die Alten sind da schon skeptischer. Schließlich haben die schon einige Währungsumstellungen hinter sich und sind nicht immer gut dabei weggekommen.

Am 2. Januar stehen wir aber noch nichts ahnend in unserer Sparkassenfiliale in der Warteschlange und lassen uns überraschen. Zuerst stehen wir mit dem gezählten DM-Geld in der DM-Schlange und zahlen es am dortigen Schalter ein. Mit einer Bescheinigung über die Höhe des Geldwertes schlendern wir hinüber in die Euro-Schlange. Und erhalten dort auf Vorlage unserer Bescheinigung den Wert in Euro ausgezahlt. Oder auch nicht, wenn wir glauben, dass der Automat uns besser und schneller versorgt. Eine Weile werde ich meine D-Mark auch noch in den Geschäften los. Denke ich. Aber die meisten machen da nicht mehr mit. Dieses Durcheinander in den Kassen und Portmonees wird mit der Zeit lästig. Mit dem Faktor 1,95583 gehe ich nun einkaufen. Er ist immer mit dabei und macht mich darauf aufmerksam: Guck mal, hier haben sie 5 Cent dazu gemogelt. Oder dort die Butter. Da haut das mit dem Umrechnungsfaktor auch nicht hin. Beim Wochenendeinkauf wird es dann allzu deutlich. Was wir sonst für eine Woche in DM bezahlt haben, geben wir nun in Euro aus. Das passiert nicht gleich in diesem Jahr, aber im nächsten und übernächsten ... Manchmal weigere ich mich direkt, die DM-Summe im Kopf zu bilden, er würde mir sonst zerspringen. Vor Wut.

Am Telefon werde ich von einer höflichen jungen Frau bezüglich meiner Haltung zum Euro befragt: „Sind Sie auch der Meinung, dass der Euro zum Teuro geworden ist? Und fühlen Sie sich nun mehr zu Europa gehörig als vor der Währungsumstellung?" Erste Antwort: „Ja", zweite: „Nein". Obwohl, wenn ich mir die zweite Frage so recht überlege – eigentlich „ja", wenn die anderen Länder genauso „übern Nuckel gezogen" werden ...

11. bis 30. August 2002 – Die Flut kommt

Es ist eine Geburtstagsparty wie jede andere – an diesem 11. August 2002. Die Sonne knallt vom Himmel, was das Zeug hält. Die Geburtstagsgesellschaft verlustiert sich im Garten und schwitzt sich einen ab, trotz oder gerade wegen der reichlich fließenden Getränke. Die Sonne lässt den starken Rotwein heller in den Gläsern aufleuchten. Die Laune ist bestens. Mit Blick auf den gleißenden Himmel sagen alle: „Wenn es doch bloß einmal regnen würde!"
In unserer „Sandplautze" ist der Regen immer willkommen. Er versickert meist so schnell im Boden wie er auf diesen auftrifft. Unsere Nachbarn mussten auch in diesem Jahr wieder schwitzen als wir im Urlaub waren und sie das ganze Areal zu beregnen hatten. Da kommt Freude auf. Die bietet uns auch der nächste Tag, als es tatsächlich wie aus Eimern regnet. Nun, ein Regentag bringt es auch nicht – glauben wir zu diesem Zeitpunkt noch.
Am Abend wird in den Nachrichten von verheerenden Regenfällen im Bayrischen Wald und in Sachsen berichtet. Die Leute dort haben schon ganz heftig mit den Wassermassen zu kämpfen. Aber das ist ja weit weg und gerade in Passau soll so was ja öfter vorkommen. Die überschwemmte Uferpromenade haben wir selbst schon live erlebt. Das kriegen die schon

wieder in den Griff. Wir räkeln uns im gemütlichen Fernseh-
sessel und widmen uns dem nachfolgenden Krimi.

Dass uns ein solcher in den nachfolgenden Wochen selbst in
Angst und Schrecken versetzen wird, ahnen wir noch nicht.
Bei uns wird's erst am 15. August richtig lebendig. Als nämlich der Krisenstab für den Landkreis Wittenberg Katastro-
phenalarm auslöst. Zu diesem Zeitpunkt bin ich gerade im
Betrieb meines Mannes und arbeite den Kalkulatoren ein bisschen zu. Die Hektik draußen auf dem Gang, wo über eine
Überschwemmung der Bundesstraße und anderer Straßen in
Elbnähe berichtet wird, lässt mein Herz ein wenig schneller
klopfen, aber ich schiebe das alles noch von mir. Warum sich
jetzt schon heiß machen, die Bundesstraße war schon öfter
im Wasser, besonders bei Tauwetter. Da wird es doch im Sommer, wo es bereits wieder mit Regnen aufgehört hat, nicht so
schlimm werden.
Trotzdem treffe ich mich noch am Nachmittag mit einer Ar-
beitskollegin, um die Urlaubsbilder anzuschauen. Sie haben
ihre Laube gleich in der Nähe der Schwarzen Elster und die
fließt nun doch etwas schneller dahin. Außerdem lässt sie in
der Höhe nur wenig Platz bis zur neu erbauten Fußgänger-
holzbrücke. Wir prosten uns auf den schon lange vergange-
nen Urlaub zu und meinen neckisch: „Na, ob wir noch über
die Brücke nach Hause kommen?" Das Herzklopfen ist stär-
ker geworden.
Am nächsten Tag erscheinen schon die ersten Kollegen nicht
auf Arbeit. Sie hatten die ganze Nacht zu tun ihr Hab und
Gut in Sicherheit zu bringen. Selbst wenn sie wollten, sind
einige von ihnen schon von der Außenwelt abgeschnitten und
könnten gar nicht auf Arbeit erscheinen. Nur die Leute im
Spreewald sind mit Booten ausgerüstet, wir nicht.
Am Wochenende ist die nächste Geburtstagsparty angesagt –
diesmal im nicht vom Hochwasser betroffenen Gebiet. Ein bis-

schen mulmig ist uns schon, so einfach wegzufahren. Die Verwandtschaft weiß gar nichts von der immer prekärer werdenden Situation bei uns. „Ach, bei euch ist auch Hochwasser? Wir dachten, nur in Dresden. Die Menschen dort trifft es ja schlimm!" Das liegt nun wieder an der ungenügenden Berichterstattung. Mir tut es auch weh, wenn ich sehe, wie die Wassermassen durch meine Geburtsstadt Dresden schießen, alles auf ihrem zerstörerischen Weg mitreißen und die Menschen in Panik nicht ein noch aus wissen. Ich sehe die Kostbarkeiten der Innenstadt in den Fluten versinken und rufe zu Hause und bei meiner Freundin an, wie die Lage aussieht. Gott sei Dank ist keiner, um den ich mich sorge, betroffen.

Am nächsten Abend, es ist schon dunkel, stören Polizeifahrzeuge die sonntägliche Ruhe. Das heißt, so ruhig sind wir nun alle nicht mehr. Einige Nachbarn haben schon evakuierte Verwandte oder Bekannte aus den betroffenen Dörfern aufgenommen. Auch wir haben uns darauf eingerichtet, bei Nachfrage jemanden aufzunehmen. Die Schulen sind bereits geschlossen, um den von überall heranströmenden Hilfskräften und Evakuierten Obdach zu bieten. Die Polizei fordert uns Gott sei Dank noch nicht auf, unsere Sachen zu packen und zu verschwinden, sondern mit Schippe bewaffnet zu einem angegebenen Treffpunkt zu eilen und Sandsäcke zu füllen. Komischerweise ist noch keiner im Schlafanzug und alle greifen sich irgendeine Schaufel aus dem Schuppen und fahren oder laufen los.

Die Organisation ist nicht die Beste. Der Treffpunkt ist gar nicht *der* Treffpunkt, wir stehen ziemlich blöd herum. Irgendeiner weiß dann doch was und alle folgen der neuen Richtung. An dem eigentlichen Standort wimmelt es schon von Helfern. Allerdings ist kein Sand da. Später mal wieder keine Säcke. Aber die Leute harren aus. Manch einer hat schon sein Zuhause im Wasser stehen lassen, guckt aber immer wieder mal hin, um Plünderern den Marsch zu blasen. Andere kommen von weit her.

Ich bin überwältigt. Nicht nur heranbeorderte Hilfskräfte sind hier in Scharen am Werk. Auch Zivilisten, die aus nicht betroffenen Gebieten angereist sind, ihren Sonntagabend oder den Urlaub opfern, füllen unermüdlich Sandsäcke.

Plötzlich erscheint sie wieder an der Oberfläche – die Hilfsbereitschaft. Es ist, als ob sie vom Grund der Elbe in leisen Wellen stetig ans Ufer schwappt.

Unsere Familie wird im Nu in dieses Ineinandergreifen von zupackenden Händen, herumgeschwenkten Schaufeln, übereinandergeschichteten Säcken integriert. Ich stehe abwechselnd neben unseren Durstigen von der „Quick-Box", dem Nachbarn oder einem Zivi aus Cottbus. Manch einer sagt: „Los, ruh dich aus! Ich schaufle jetzt weiter." Oder nimmt mir wortlos den gefüllten Sack aus der Hand, um ihn akkurat neben den anderen aufzuschichten. Ich bin froh, eine Pause einlegen zu können. Aber nicht zu lange. Dann kommt man nämlich gar nicht mehr in die Gänge.

Dieser ersten Nacht folgen weitere. Mein Sohn kommt jedes Mal mit. Kein Murren, keine Drückebergerei. Die Schule könnte ruhig noch eine Weile geschlossen bleiben. Die Schüler stört's jedenfalls nicht. Neueste Nachrichten erhält man am zuverlässigsten aus dem Internet. Besonders als sich die Lage verschärft und wir nicht einmal wissen, wie weit das Wasser sich denn nun schon unserem Zuhause genähert hat. Landkarten werden gewälzt und studiert, wie hoch jedes einzelne Gehöft liegt. Um jeden einzelnen Zentimeter wird gefeilscht. Im Gedanken hofft man, doch noch glimpflich davonzukommen. Aber das Wasser hat seine eigenen Gesetze. Letztendlich überrascht es uns aus einer ganz anderen Richtung. Der Betrieb meines Mannes stellt Technik zu Verfügung. So wie die anderen Baubetriebe auch, die Sand rankarren oder die vollgeladenen Paletten zu den Dämmen transportieren. Im Fünf-Minuten-Takt rattern Lkws durch die Stadt. Ein Ausnahmezustand.

Besonders beunruhigend ist der Lärm aus der Luft. Die Hubschrauberstaffel hat ihr Lager ganz in der Nähe aufgeschlagen. Sie fliegt pausenlos. Zur Überwachung des Katastrophengebietes, um Sandsäcke abzuwerfen, um Leute zu retten. Nicht jeder lässt sein Hab und Gut so einfach im Stich. Da steckt zu viel Arbeit drin, hängt zu viel Liebe daran.

Ich treffe oft Menschen aus den überschwemmten Gebieten. Sie haben immer noch ein Familienmitglied zu Hause, das aufpasst. Der Strom ist zwar schon längst abgeschaltet, die Kühlschränke leer gegessen. Es werden regelrechte Grillorgien veranstaltet, denn es ist ein Wettlauf mit der Zeit. Die Hitze verdirbt sonst alles, was das Wasser nicht geschafft hat. Und dann sind da noch die Tiere. Sie sind doch auch in Panikstimmung, genau wie die Menschen. So mancher betrauert seinen Hund, seine Katze, wie ein Familienmitglied.

Mit den Nachbarn sucht man jetzt wieder öfter das Gespräch. Es ist eben ein Ausnahmezustand. Wo sonst nur ein „Guten Tag!" und „Guten Weg!" für ausreichend angesehen wurde, genügt das nun nicht mehr. Die Sorgen, die Angst, das Geschaffene zu verlieren, lässt die Gefühle der Menschen übersprudeln. Sie müssen das rauslassen, was sie bewegt, bilden wieder mehr eine Gemeinschaft. Ein Gefühl, das lange verschüttet war.

Meine Nachbarin hat einen neuen Arbeitsplatz bekommen. Ihre Vorfreude ist riesig. Aber auch sie wird in diesen Tagen stark gefordert. Gleich an ihrem ersten Arbeitstag müssen alle Bewohner des Pflegeheimes, in dem sie arbeitet, evakuiert werden. Sie werden in einem anderen, 50 km entfernten Heim untergebracht. Als sie mir am Abend davon berichtet, ist sie am Ende ihrer Kräfte. Die Tränen schießen ihr nur so aus den Augen: „Du glaubst gar nicht, wie schlimm das war!"

Weniger die körperliche Arbeit. Die scheut sie nicht, auch wenn es diesmal weit über das übliche Maß hinausging. Aber wie kommen pflegebedürftige Menschen mit dieser außerge-

wöhnlichen Situation des Umziehens in eine andere, unge-
wohnte Umgebung klar? Sie werden in Fahrzeuge gepackt,
mit dem Allernotwendigsten versorgt, für viele Streichelein-
heiten bleibt da keine Zeit. Das übersteigt ihre Kraft – eine
Unruhe, verstärkt durch Erinnerungen an ihre Erlebnisse im
Zweiten Weltkrieg – schwächt ihren ohnehin schon angegrif-
fenen Zustand. Meine Nachbarin nimmt das alles sehr mit.
Aber ich bin froh, dass sie mit ihren Gefühlen zu mir gekommen ist. Sie rausgelassen hat und morgen wieder mit neuen
Kräften an ihre, jetzt wirklich nicht leichte Arbeit geht.

Bei meinen allnächtlichen Schaufelaktionen werde ich sogar köst-
lich versorgt. Es gibt so viele fleißige Helfer, die uns mit beleg-
ten Broten, warmen Speisen und Getränken versorgen, dass man
weiß Gott nicht Hunger leiden muss, sondern sich sogar einen
Bauch anfuttern könnte. Den man sich aber beim anschließen-
den Schippen schnell wieder wegrackert. Die in der Nacht tätig
waren, schlafen am Tag. Ich arbeite lieber in der Kühle. Man
könnte meinen, die Hitze zieht die Feuchtigkeit schnell wieder
aus den Häusern heraus. Aber das Grundwasser drückt immer
wieder nach. Die zuerst vom Hochwasser Betroffenen sehen schon
wieder Land. Da kommt es bei uns erst ganz dicke.
Am 20. August habe ich einen Massagetermin bei meiner
Kosmetikerin. Dieses Highlight gönne ich mir immer um
meinen Geburtstag herum. An diesem Morgen scheinen sich
die lärmenden Vögel in der Luft noch um ein Vielfaches vermehrt zu haben. Das Vibrieren der Atmosphäre überträgt sich
auch auf den menschlichen Organismus. Irgendwie traue ich
mich gar nicht aus dem Haus. Aber meine wunden Rücken-
und Armmuskeln schreien förmlich nach einer lindernden
Massage. Ich fahre also doch hin und packe mich voller schlech-
tem Gewissen auf die Liege. Oh, tut das gut!
Erst zu Hause beim Blick ins Internet erfahre ich, dass das
Wasser nun auch unser Städtchen erreicht hat. Und zwar von

der Elbe her, eine Richtung, aus der wir es nicht erwarteten. Wir halten den Atem an. Das Wasser kommt davon nicht zum Stillstand. Jeden Moment schleiche ich aus der Tür, um nachzuschauen, ob es nun auch in unsere Straße kriecht. Denn Gewalt zeigt es nun nicht mehr. Eher ein hinterhältiges, stetiges Inbesitznehmen. Das zeigt uns unsere Ohnmacht.

Ein Teil der Stadt ist bereits betroffen. Nun werden wir dem Ungeheuer auf andere Weise Einhalt gebieten müssen. Es werden Dämme geöffnet, um das Wasser abzuführen. Dorthin, wo wir *Menschen* das wollen. Es gelingt nicht gleich beim ersten Anlauf. Aber wir schaffen es. Ein Aufatmen geht durch den Landkreis.

Die Berichterstattung im Fernsehen ist bereits in Hamburg. Wir haben über der Hektik und dem ständigen Kampf mit den Fluten gar nicht voll erfasst, dass über unseren Landkreis kaum berichtet wurde. Es ging immer nur um die größeren Städte. Dass hier so viele Menschen ihre Besitztümer verloren haben oder nur mit großen Mühen wieder herrichten können, was dem Wasser zum Opfer gefallen ist, das erfährt der Nachrichtengucker nicht.

Als so nach und nach wieder Normalität in den Alltag unserer ländlichen Gegend einkehrt, zieht es doch so manchem das Herz zusammen, als er sein Haus in Besitz nimmt. Trotz der großen finanziellen und manuellen Hilfewelle, die nun folgt, weiß doch der Betroffene nicht, ob das jetzt alles ist. Denn das Wasser arbeitet noch im Untergrund. Nicht jeder Schaden ist sofort ersichtlich.

Wenn ich etwas mitgenommen habe aus diesen schweren Tagen, dann ist es das: Ich wünsche mir, dass solch ein Unglück nie wieder passiert. Aber die unerwartete Hilfsbereitschaft, den mitreißenden Enthusiasmus bei der Bewältigung all der schwierigen Aufgaben, das Aufleben eines liebevollen und grenzenüberwindenden Miteinanders – das wünsche ich mir wieder zurück.

2002 – Klassentreffen

Vor allen Klassen – und Seminargruppentreffen unmittelbar nach der Wende habe ich mich gedrückt. Nicht aus Desinteresse an meinen Schulkollegen oder weil ich um Kritik an meinem nicht mehr so jugendlichen Aussehen fürchtete. Warum auch, die anderen sind ja auch nicht jünger geworden. Mir grauste einfach, den anderen gegenüber zu treten mit dem Gedanken im Hinterkopf: Du bist ja niemand, du hast aus deinem Leben nichts gemacht. Dass es auch anderen so gehen könnte, habe ich gar nicht bedacht. Schließlich gehörte ich immer zu den besten Schülern und nun wäre ich froh um *irgendeinen* festen Job. Erst 1998 rapple ich mich zu einem der Seminargruppentreffen auf, das jedes Mal in einer anderen Stadt stattfindet. Da wir alle aus unterschiedlichen Gegenden Ostdeutschlands stammen, wird es immer wieder interessant. Es ist auch nur halb so schlimm, wie ich befürchtet habe. Von unseren „Bauern" ist kaum noch einer bei der Stange. Fast jeder musste sich eine Alternative suchen. Die, welche es geschafft haben, strahlen auch gleich ein ganz anderes Selbstbewusstsein aus. Und mokieren sich über die ABM-Kräfte, die ja absolut nicht wissen können, wie Marktwirtschaft tatsächlich funktioniert. Auf die Frage an mich, ob ich noch in der Landwirtschaft tätig wäre, antworte ich lapidar: „Nein, in der Hauswirtschaft!" Allgemeines Lachen, und was das Verwunderlichste ist – ich lache mit!
Sagt man nicht immer, geteiltes Leid ist halbes Leid? Und ich muss feststellen, dass den „Jungs" die Arbeitslosigkeit mehr zu schaffen macht als den „Mädels". Wenn die auch nur ein Jahr zu Hause sitzen, fühlen sie sich nutzlos und glauben, ihrer Frau nicht mehr zu genügen. Wo zeigt sich da das starke Geschlecht? Ich sitze schon seit 11 Jahren zu Hause! Aber das kennt man ja schon von den gewöhnlichen Schnupfenattacken eines männlichen Wesens. Die arten ja gleich in gefähr-

liche Viruserkrankungen aus! Nur, dass der jetzige Virus für uns so lange unbekannt war und nun alle zu infizieren scheint.

So langsam hangle ich mich von Klassentreffen zu Klassentreffen und freue mich schon bald darauf. Endlich mal wieder raus, rein in die Deutsche Bahn und dann wird so richtig amüsiert! Na, unser Alkoholkonsum war auch schon mal ein anderer. Statt in Richtung hochprozentiger Getränke geht nun unser Verlangen auf die Wasserflaschen mit oder ohne Sprudel über. Die werden dann schon mal knapp. Aber es gibt ja noch den lieblichen Landwein, gerade richtig für eine warme Sommernacht. Doch diesmal kommt keiner auf die Idee, nackt baden zu gehen. Vielmehr krabbeln alle erschöpft in ihre Betten und denken wehmütig an die alten Zeiten und die uns damals erquickenden Freuden zurück. Dass sich diese aber in 20 Jahren so grundlegend wandeln können!
Ich finde, wir sehen trotz allem noch ganz manierlich aus. Auch, wenn Einzelne sich schon als Omas und Opas ihre Lorbeeren verdienen. Stolz wird das jugendgeweihte Kind auf Fotos herumgereicht. Wer keins mehr zu Hause hat, greift einfach zu Haus und Auto. Irgendetwas gibt es schon noch, um Besitzerstolz zu dokumentieren. So mancher hat auch seine Heimatstadt verlassen und verdient seinen Lebensunterhalt in den alten Bundesländern. Aber glücklicher sind sie deshalb auch nicht. Ihr Herz haben sie nämlich noch in der Heimat gelassen.
Ein Besuch im Spreewald steht bei unserem jetzigen Treffen auf dem Programm. Wir hoffen, dass das Wetter mitspielt, damit unsere geplante Kahnfahrt nicht ins Wasser fällt. Bei der Begrüßung durch die bereits Anwesenden fällt mir gleich unser Bolek um den Hals – der einzige Pole aus der Seminargruppe. Überhaupt nicht verändert hat er sich. Sieht noch genauso frisch und schlitzohrig aus wie damals. Ein Charmeur, bei dem man sich nichts denken muss. Die anderen

„Mädels" knutscht er nämlich auch ab! Nach anfänglichem Wortgeplänkel und einem individuellen Imbiss (bei dem wieder die das meiste essen können, die schon immer futtern konnten und doch nicht dick werden) machen wir uns auf den Weg zum Wasser. Das schlängelt sich hier so schön ruhig durch den Wald, dass man fast vergisst, dass man beim Hineinfallen auch nass werden könnte. Wir warten noch auf einen Nachzügler, der aber nicht kommt und lassen uns schließlich vom Fährmann gemächlich vom Ufer wegstaken. Plötzlich erschallt eine weithin hörbare Lautsprecherstimme durch die Idylle: „Fährmann X, sofort umkehren!" „He, Fährmann X, das sind doch Sie!", bemerkt unser vorwitzigster Kommilitone, der er schon immer war. Weiß Gott, wir müssen umkehren. Was ist passiert?

„Ist Ihnen überhaupt aufgefallen, dass Sie eine Kaffeefahrt gebucht haben und gar keinen Kuchen dabei haben? Der steht nämlich noch hier!" Nee, aufgefallen ist uns nichts. Wir sind ja schon eifrig am Schnattern und der Mund geht auch so ständig auf und zu. Aber der selbstgebackene, noch warme Pflaumenkuchen wird trotzdem zwischendurch noch hineingeschoben. Geplant ist ein Zwischenstopp am Gurkenmuseum. Das passt gut. Erst der warme Pflaumenkuchen, dann saure Gurken. Wir naschen tüchtig, auch von denen in Knoblauch eingelegten. Ein Blick zu den „Jungs", der besagt: Das Zeug habt ihr ja schon zu Studienzeiten mit Begeisterung verspachtelt. Heute sind wir dran! Nun, heute Abend wird es uns nicht stören. Liebschaften gibt es nicht mehr. Wir sind zu braven Ehemännern und -frauen erzogen worden. Es wird also eine ruhige Nacht werden. Beim Herumreichen der obligatorischen Fotos wird nachgefragt, was die eine Kommilitonin mit meinem Mann macht. Sie *machen* eigentlich nichts weiter als gemeinsam vor den 95 Thesen Martin Luthers an der Schlosskirche von Wittenberg zu stehen. Wir besuchen uns nämlich regelmäßig, um den seit Jahren engen Kontakt nicht abreißen

zu lassen. Die Zeit sollten wir uns schon nehmen – ab und zu unserem Freund oder Nachbarn zuzuhören. Etwas, das in dieser schnelllebigen Zeit schon fast verloren gegangen ist.
Bevor wir auseinander gehen, wird bereits das nächste Treffen geplant. Unser Bolek lädt uns ein!

2003 – Aufbruch

Doch Klassentreffen sind nur alle paar Jahre und das Hochgefühl, das mich durchströmt hat, angesichts der vertrauten Gesichter und alten Studentengeschichten, verebbt im Alltag nur all zu schnell. Schließlich lebe ich nicht in der Vergangenheit, sondern in der Gegenwart. An die Zukunft mag ich noch nicht denken. Eigentlich lebe ich nur, damit meine Kinder eine schöne Gegenwart und Zukunft haben.
Ab und zu gelang auch ein Versuch, aufs Trittbrett des an mir vorbeieilenden Lebens aufzuspringen. Doch ich rutschte immer wieder ab. Jetzt stehe ich nur am Bordstein und reibe mir meine geschundenen Knochen. Wie lange will ich eigentlich noch da stehen? Bis alle Züge abgefahren sind? Und keiner mehr kommt?
Manchmal muss man vielleicht erst ganz unten sein, um wieder aufstehen zu können. Vorher hält man es nicht für notwendig. Irgendwie läuft's schon noch. Redet man sich ein und weiß doch im nächsten Moment, dass es nicht stimmt. Wie beim Roulette: „rien ne va plus" – nichts geht mehr.
Der Winter war lang gewesen, in der Firma gibt es aufgrund der zunehmenden Technisierung auch kaum noch Gelegenheitsarbeit. Ich habe wie so oft Tischdecken bestickt, um sie zu verschenken. Sie werden immer wieder gern genommen, bewundert und mit dem Kommentar versehen: „Na, du hast ja auch Zeit für so was!" Fragt mich auch mal einer, ob ich überhaupt noch *Lust* habe auf so was?

Meine Welt sind die Bücher. Hier habe ich mich schon als Kind vergraben können und die Welt um mich herum vergessen. Märchen, Science fiction, Abenteuer ... Hier merke ich auf einmal, dass mir sogar das Lesen nicht mehr die gleiche Erfüllung bringt wie früher. Die Worte rauschen an mir vorbei, fesseln mich nicht mehr. Bei jedem Wort des Gesangstitels von Wolfsheim: „Kein Zurück" könnte ich heulen.

Doch das alles bringt mich nicht weiter.

An einem Tag im April dieses Jahres habe ich mich wie immer der Frühjahrsmüdigkeit ergeben und zu einem Mittagsschläfchen hingelegt. Die Arbeit ist getan: Waschen, putzen, Essen kochen – alles automatisch verrichtete Dinge. Die Kinder kommen noch nicht aus der Schule. Sie sind jetzt groß und haben lange Unterricht. Und wenn sie erscheinen, müssen sie erst mal relaxen. Und haben keinen Bock auf mütterliche Zuwendung. Im Unterbewusstsein erlebe ich das, was andere vielleicht eine Eingebung nennen würden. Für mich bedeutet es die Rettung. Wieso nehme ich nicht mal meine noch verbliebenen Gedanken zusammen und versuche ein Buch zu schreiben? Über was? Kenne ich jemanden besser als mich? Vielleicht finde ich ja auch etwas über mich heraus, was ich noch nicht kannte? Ehe mir der Mut wieder sinkt, schnappe ich mir einen Bleistift und einen Block und fange an. Nicht am Anfang – der Geburt. Ich schreibe einfach, was mir gerade in den Sinn kommt. Als ich noch in der Mitte des Lebens stand. Und es funktioniert. Ich schreibe fünf Wochen ohne Unterbrechung. Außer meiner Familie weiß kaum einer was davon. Ich will mich nicht bloßstellen, nicht blamieren. Meine Freundin erhält das erste Manuskript. Die Wartezeit auf ihren Kommentar erscheint mir ewig lang. Sie hat kaum Zeit als Bürgermeisterin, das ist verständlich. In den nächsten Wochen überkommt mich wieder das heulende Elend. Ich kann nicht aufhören zu schreiben, darf es nicht. Jetzt muss ich den Faden auch festhalten, der mich zurück ins Leben führt. Die

Geschichten nehme ich mit als ich meine Freundin besuche. Sie gibt mir grünes Licht. Mir fällt ein Stein vom Herzen. Nun können es auch noch andere Freunde und Bekannte wissen und lesen. Erst dann suche ich einen Verlag. Heute weiß ich, dass ich professioneller hätte handeln müssen. Zuerst einen Verlag suchen, dann richtig schreiben. Aber dazu war ich einfach zu unsicher und unbedarft. Die Ablehnungen der Verlage werfen mich erneut zurück. Sie haben die Seiten ja noch nicht mal gelesen, schießt es mir durch den Kopf. Und erinnert mich an die vielen Ablehnungen bei meinen Bewerbungen. Endlich klappt es. An meinem 46. Geburtstag.

Ich weiß, dass ich noch eine Menge Steine wegzuräumen habe, denn so ein Buch muss seinen Weg erst mal finden. Aber ich habe einen Anfang gemacht. Aus eigener Kraft. Und das macht mich schon ein bisschen stolz.

2003 – Geht's auch cooler?

„Doch nicht den Bademantel! Den kannst du gleich vergessen. Den nehme ich nicht mit. Der ist doch total uncool! Gib mir mal das neue Badelaken rüber, das mit dem Tiger drauf! Auf keinen Fall das mit den Märchenfiguren!"

Unsere Tochter ist vollkommen im Reisefieber. Selbstverständlich räume ich den Bademantel wieder weg. Uncool will ich ja nicht sein. Wenn sich auch der Bademantel zu meiner Ferienlagerzeit als praktischer erwiesen hat. Aber das ist nun eben schlappe 30 Jahre her. Heute friert man lieber als nicht „in" zu sein. Unsere Tochter legt natürlich höchsten Wert darauf „in" zu sein. Jetzt, wo sie das erste Mal ohne ihre Eltern in den Urlaub fährt. Das heißt, in ein Ferienlager, zusammen mit ihrer Freundin und dann mit Betreuung. Trotzdem ist uns natürlich etwas mulmig, wo sie doch erstmalig der elterlichen Aufsichtspflicht für 10(!) Tage entzogen ist. Deshalb haben wir

vorher doch noch ein Handy für das „Kind" gekauft, um es notfalls schnell erreichen zu können. Unsere Tochter sagt natürlich nicht „nein", wo sie doch bereits so lange daran arbeitet, ein Handy zu bekommen: „Jetzt bin ich noch die Einzige in der Klasse, die kein Handy hat. Susan hat nun auch eins gekriegt. Und ich habe meinen Geburtstag erst im November! Da könnt ihr mich im Ferienlager gar nicht erreichen!" Ein sehr kluger Schachzug, mein Kind! Dein Vater ist natürlich plötzlich ganz Ohr. Daran hat er ja noch gar nicht gedacht. Das Kind ist ja vollkommen aus der Welt, ohne Telefon!
Konsequent bleibt er trotzdem. Da nun mal kein Geburtstag ist, muss das Handy selbst bezahlt werden. Taschengeld gibt's ja genug. Und Oma kann auch noch was zusteuern. Dazu wird sie vorher noch mal richtig scharf gemacht – schließlich kann man die „Kleine" nicht so außer Kontrolle lassen. Das mit der Kontrolle passt der Kleinen zwar nicht, aber so ein Handy lässt sich ja auch abstellen.
Oder es gibt mal schnell ein Funkloch. Schließlich sind dort, wo sie hin fährt, Berge. Sollte eine passende Ausrede gerade nicht greifbar sein – ihre Freundin ist auch nicht auf den Kopf gefallen. *Ihr* wird schon was einfallen. Also daran soll die Anschaffung des geliebten Handys nun nicht scheitern. Schließlich weiß ihr Vater heute noch nicht, wie seins richtig funktioniert. Und Mama – na, reden wir nicht drüber.
Unsere Tochter ist total happy. Ihre Sachen packt sie natürlich selbst ein, egal, was Mama vorsorglicher Weise aufs Bett gelegt hat. Das wird noch mal gründlich inspiziert. Es können schließlich auch Jungs bis 18 Jahre mitfahren. Damit ist also nicht nur mit „Grünzeug" zu rechnen. Ein ansprechendes Outfit ist angesagt. Und die Tochter stellt wieder mal fest: „Ich habe viel zu wenig coole Klamotten! Mit *den* Hosen haben sie mich schon in der Schule ausgelacht."
Natürlich kann ich wieder nicht herausfinden, was an den Sachen so Bescheuertes sein soll. Wie auch. Meine Person und

die damit verbundenen Anschauungen sind zumeist oberpeinlich. Am schlimmsten ist, dass ich in den letzten Monaten, nur um auch auf der Höhe der Zeit zu sein, in den Jeansladen meiner Tochter einkaufen gehe. Das kann ja wohl nicht angehen. Wie soll sie sich jetzt noch dort sehen lassen, wo ihre um 30 Jahre ältere Mutter ihre, zugegeben nicht ganz uncoolen, Klamotten nun da kauft. Vollkommen ausgeschlossen, dass sie den Laden jemals wieder betritt!

Bloß gut, dass unsere Tochter ihre peinlichen Erzeuger für die nächsten 10 Tage los ist. Schon lange im Voraus werden Listen angefertigt, die ihren gesamten Kosmetikbestand beinhalten, einschließlich der von Mutter geklauten und noch anzuschaffenden Gegenstände. Wenn ich einen Blick auf diese Zusammenstellung werfe, ist mir klar, warum *mein* Gesicht nicht anders aussehen kann als müde und faltig. Vielleicht sollte ich doch mal einen Blick in das Beauty-Buch werfen, das ich eigentlich mit ihr zusammen gekauft habe. Aber ich stehe eben nicht mehr in dem Stress, 18jährigen süßen Jungs gefallen zu müssen.

Am Tag vor der lange ersehnten Reise bringen wir unsere Tochter zu ihrer Freundin aufs Land. Hier können noch mal etwaige Schmusekandidaten beim Durchforsten alter Ferienlager-Videos ins Auge gefasst werden. „Mann, voriges Jahr war ja überhaupt nichts Gescheites dabei!" mault unsere Tochter. „Das kann ich dir sagen", bekräftigt ihre Freundin, die im Vorjahr noch allein gefahren ist. „Absolut uncoole Typen waren das!"

„Hoffentlich wird's diesmal besser!" seufzen jetzt beide.

Ich kann die beiden gut verstehen. Schließlich hängt der gesamte Erfolg des Camps von dieser einzigen Tatsache ab. Ihre Freundin schleppt übrigens noch einen Kosmetikkoffer mehr herum als unser Kind. Nun wird es bald Zeit zum Verabschieden. Sehe ich da eine verdrückte Träne im Augenwinkel des Papas? Ach, wahrscheinlich hat er nur gegen die Sonne geschaut. Mir geht es nämlich ebenso.

Nun noch kurz zurückgewinkt, und jetzt ...
10 Tage ohne Geschwisterstreit, ohne Stress um die Nutzung des Computers. Die Internet-Rechnung hat Zeit sich zu erholen, die geplagten Eltern auch. Und bald schauen schon wieder alle auf den Kalender: Wann kommt sie denn nun zurück? Bloß gut, dass sie das Handy mit hat!

2004 – Messefieber

Vor gut 20 Jahren, als ich noch meine zweite Wohnstatt in Leipzig hatte, musste dieselbe regelmäßig zweimal im Jahr geräumt werden, um für die unzähligen Messebesucher Platz zu schaffen.
Ein bisschen Ausstellungsflair konnten wir dennoch schnuppern – bei der Messe der Meister von Morgen, dem kleinen Pendant zur Leipziger Messe. Schon auf Schul- und Betriebsebene waren pfiffige Jugendliche gefragt, die das bewerkstelligen sollten, was unsere Wirtschaft so dringend brauchte: Mit Hilfe preisgünstiger, materialsparender und umweltfreundlicher Ideen Geräte und Konzepte zu entwickeln, die in der Praxis umgesetzt, auch funktionierten. Das ist nun Gott sei Dank vorbei. Wir können jetzt jede Messe besuchen, die wir wollen.

Unser Sohn fühlt sich ja schon seit dem Kleinkindalter von Autos magisch angezogen. Und da ist er sicher nicht der Einzige. Schließlich überwältigt die Vielfalt und Qualität der heutigen Personenkraftwagen jeden eingefleischten Autoliebhaber. Besonders wenn man als Ossi so viele Jahre darben musste und 12 Jahre seines Lebens damit zugebracht hatte, auf „seinen" Trabbi zu warten. Ein Besuch auf der Automesse stand also schon lange auf dem Wunschzettel unseres Sohnes. Wir haben uns nur immer darum gedrückt, der vielen anderen Autoliebhaber wegen.

Und so kommt's dann auch. Schon ein geraumes Stückchen vor dem eigentlichen Messegelände werden wir auf einen Acker umgeleitet – soo ausstellungswürdig ist nämlich unser Auto nicht mehr – den Rest haben wir per pedes zurück zu legen. Die anderen wandern auch. Bis in die heiligen Hallen ... Betritt man diese, erwartet einen schon ein ganz anderes Flair als beispielsweise zur Buchmesse. Da geht es ja noch grundsolide und anständig zu. Hier aber ...

Na ja, kein Wunder. Die Männer sind zum großen Teil unter sich. Kaum eine Frau ist dabei, die ihren ausgeflippten Partner zur Raison bringen könnte. Da ist sogar der Rucksack mit Proviant nicht zu schwer zum Tragen. Mal kurz eine Pause einlegen und einen Bissen ins heimische Salami-Sandwich machen, dann geht's weiter.

Da werden Ellbogen zu Hilfe genommen, Beine wie unabsichtlich in den Weg gestellt, Autotüren knapp vor der Brille des vermeintlichen Rivalen aufgerissen. Nur um des Deutschen liebstes Spielzeug eine Zehntel Sekunde vor dem „Gegner" in Besitz zu nehmen. Ha, 80 000 Euro! Ein Klacks. Hier bin ich King (oder doch lieber Kind?), hier kann ich's sein. Die paar Männer, die ihre Frauen mitgeschleppt haben – aber nur, damit diese ihrerseits den Rucksack mit dem Saufzeug schleppen – ärgern sich schon bald schwarz. Wie konnten sie doch nur so blöd sein! Beim Anblick der bildhübschen, blutjungen, kurzberockten Hostessen, die zur Präsentation der Nobelkarossen aufgereiht sind, läuft ihnen das Wasser im Mund zusammen. Wie gerne würden sie jetzt mit der Süßen auf dem Beifahrersitz eine Spritztour ins Grüne machen! Gilt es nur, der gekrümmten Alten mit der schweren Tasche draußen die Türe vor der Nase zuzuknallen und dann ab in himmlische Regionen! Also, wer klug ist, schleppt den ganzen Tag seinen Rucksack selber und ist zumindest das Problem der Ehefrauen-Aussetzung schon los.

Unserm Sohn geht das noch alles am Allerwertesten vorbei. Für ihn ist dabei sein alles. Mit leuchtenden Augen und voller Faszination schleicht er um die neuesten Kreationen in- und ausländischer Autofirmen herum. Ich immer hinterher, denn ohne seine gelegentlichen Kommentare bin ich sowieso aufgeschmissen (siehe Kapitel „Autoträume"). Ich erfreue mich vielmehr an dem ganzen Rummel, der hier stattfindet. Und frage mich, wer sich eigentlich wirklich eins von diesen „Wägelchen" leisten kann. Na, macht nichts! Wenigstens hat man mal in diesen computerausgestatteten, lederbezogenen „Spitzengeschwindigkeitsschlitten" gesessen. Und sich *so schön* reingefläzt. Das ist ja wie bei Muttern zu Hause! Wo ist die überhaupt? Ich habe Durst!

8. Mai 2004 – Jugendweihe

Ich kriege auch so langsam welchen. Und enttäuscht bin ich auch ein bisschen. Über das Programm. Das durchaus etwas poppiger hätte sein können. Schließlich sind die „Jugendgeweihten" im besten „Abrock"-Alter.
Das Beste war noch der Versprecher einer mitwirkenden Schülerin: „... das Beste an der Pause ist die Schule!" Himmel, da muss sich die Schule aber jetzt gemausert haben! Das habe ich irgendwie anders in Erinnerung. Aber die „Jugendliebe" von Ute Freudenberg passt immer. Bei aller Coolness – Liebeskummer ist nach wie vor schmerzlich. Meist für die ganze Familie. Die jetzt schon auf ihren Stühlen hin und her rutscht und etwas genervt mit den Augen rollt. Aber na, ja. So habe ich eben etwas mehr Muse gehabt, mir über die letzten 15 Jahre so meine Gedanken zu machen. Über Gelungenes, weniger Gelungenes und absolut Schiefgegangenes.
Wenn ich meine Kinder betrachte, so gehören die Gott sei Dank zu ersterem. Ich bin stolz auf sie und vielleicht sind sie

eines Tages auch ein bisschen stolz auf mich. Und auf ihren Vater, der schon 12 Jahre lang unser aller Ernährer ist. Aber das wird ja schnell vergessen. Hauptsache, man kriegt seine Träume erfüllt. Und was sang die Kleine im Programm gerade? „... in den Träumen werden Wunder wahr ...“

Wie wär's denn mal mit einem Blick in die Realität und dann Wunder wahr werden lassen? Wir haben doch alle unsere Träume, unsere Wünsche und Vorstellungen vom Zusammenleben. An uns selbst liegt es aber auch diese Wunschgedanken zu verwirklichen. Ihnen Gestalt zu geben, indem wir unsere besten Seiten einfließen lassen. Dazu müssen wir den Anderen, egal ob den Nachbarn aus NRW oder dem Haus nebenan, aber erst Mal richtig kennen lernen und versuchen ihn zu verstehen.

Diese Chance sollten wir alle und heute nutzen, sie nicht nur unseren Kindern auf den Tisch schieben. Denn *wir* haben das Rad der Geschichte 1989 Richtung „Deutsche Einheit“ gedreht. An uns liegt es jetzt auch den Kurs zu steuern und dabei das Ziel im Auge zu behalten, *alle* Gärten Deutschlands zum Blühen zu bringen.

Worte danach ...

Beim Schreiben meiner beiden ersten Bücher konnte ich mich noch auf die Erinnerungen, die in meinem Gehirn gespeichert waren, verlassen. Obwohl das erste Buch eine längere Zeitspanne umfasst als dieses hier und bis in die Kinderzeit zurückreicht – es gab zahlreiche Fotoalben, die mir die Reise in die Vergangenheit leichter machten. Nun aber war das anders. Obwohl hier nur die zurückliegenden 15 Jahre betrachtet werden – die Schnelllebigkeit der Zeit hat viele Details unter den Tisch fallen lassen.

Deshalb bin ich froh, dass ich viele emsige „Mitarbeiter" hatte, die ihre Erlebnisse und Erfahrungen in der unmittelbaren Nachwendezeit auskramten und für die Gestaltung dieses Buches zur Verfügung stellten. Ihnen und den Korrekturlesern des ersten Manuskriptes sei hiermit ein herzliches Dankeschön gesagt. Ich freue mich, dass ich mich auf euch verlassen konnte!

INHALT

Angelika Reinsch

Gefangen im
blühenden Leben

In der vorliegenden kleinen Geschichten-samm-lung erzählt die Autorin von den Schönheiten und Widrigkeiten des täglichen Lebens – angefangen von der Geburt eines Kindes über den gedanklichen Aufbruch einer Frau in mittleren Jahren bis zum innigen Verständnis im Miteinander älterer Menschen.

Ob auf heitere oder nachdenkliche Weise erzählt, bergen doch alle Geschichten eines in sich – das unerschöpfliche Thema der Liebe. Nicht nur zwischen Mann und Frau, auch innerhalb der Familie, zu unseren Mitmenschen und vor allem – zum Leben.

ISBN 978-3-937027-49-4
Preis: 6,90 Euro

Paperback
90 Seiten, 13,8 x 19,6 cm